Das Buch

Unser modernes Leben ist geprägt von Stress, Zukunftsängsten und Pessimismus, sowie von negativen Gedanken, Worten und Taten. Diese Flut an negativer Energie wirkt wie Gift auf unser Lebensgefühl. Was können wir tun, um uns dagegen zu schützen und diese negative Energie in positive umzuwandeln?

Die bekannte Schamanin Sandra Ingerman kombiniert schamanische Techniken und moderne psychotherapeutische Methoden, die dabei helfen, einen inneren Schutzwall um die Seele zu errichten – damit negative Energie uns nicht schwächt und uns keine Lebensenergie raubt. Zudem zeigt sie Wege auf, wie wir nicht nur unsere Seele vor der negativen Energie der Außenwelt schützen, sondern auch selbst positiv nach außen strahlen.

Die Autorin

Sandra Ingerman ist eine der bekanntesten Vertreterinnen eines modernen Schamanismus. Seit dem Abschluss ihres psychotherapeutischen Studiums am *California Institute of Integral Studies* widmet sie sich schamanischen Methoden, die sie in Seminaren weltweit lehrt und praktiziert. Ihre Bücher wurden zu Bestsellern und sind in zahlreichen Sprachen erschienen.

SANDRA
INGERMAN

Die
Seele schützen

Wie wir uns von
negativen Energien befreien

Aus dem Amerikanischen
von Elisabeth Liebl

WILHELM HEYNE VERLAG
MÜNCHEN

Die Originalausgabe erscheint unter dem Titel
How to Heal Toxic Thoughts bei Sterling Publishing Co., Inc., New York.

Verlagsgruppe Random House FSC-DEU-0100
Das für dieses Buch verwendete
FSC-zertifizierte Papier *Munken Print* liefert
Arctic Paper Munkedals AB, Schweden.

Taschenbucherstausgabe 03/2009

Copyright © 2006 by Sandra Ingerman
Copyright © 2006 der deutschen Ausgabe by Ariston Verlag, München,
in der Verlagsgruppe Random House GmbH
Copyright © 2009 dieser Ausgabe by Wilhelm Heyne Verlag, München,
in der Verlagsgruppe Random House GmbH
Printed in Germany 2009
Redaktion: Rafaela Eulberg, Bonn
Umschlaggestaltung: HildenDesign, München
unter Verwendung einer Abbildung von Aaron Rutten / Shutterstock
Satz: C. Schaber Datentechnik, Wels
Druck und Bindung: GGP Media GmbH, Pößneck

ISBN 978-3-453-70103-8

http://www.heyne.de

Für meinen Mann, Woods Shoemaker,
und meine Eltern, Aaron und Lee Ingerman

Für alle Kinder dieser Welt
heute und in der Zukunft:
Mögen wir euch die Erde als heilen
und friedvollen Planeten hinterlassen,
auf dem ihr wachsen und gedeihen könnt.

Inhalt

Einführung 11

1 Die Auswirkungen unserer Energien auf andere 21

2 Unsere schöpferischen Kräfte aktivieren 27

3 Energien positiv umwandeln 41

4 Praktische Techniken der Energiearbeit 61

5 Projektion erkennen und überwinden 77

6 Die Kraft der Innerlichkeit und der
Konzentration 91

7 Sich selbst schützen lernen 99

8 Der Weg zu einem neuen Bewusstsein 111

Fragen an Sandra Ingerman 117
Danksagung 121
Kontaktadressen 123

Einst in einer fernen Nacht lagen die Kinder und schliefen, als ein Zauberbann über die Erde gesprochen wurde. Sobald sie aus dem nächtlichen Schlaf erwachten, machte sie dieser Zauber glauben, wahr sei nur, was sie in der physischen Welt wahrnehmen. Dieser Zauberbann ließ die Kinder den Weg auf die magische, wunderbare Seite des Lebens vergessen. Denn die Welt, die uns umgibt, ist so viel größer und aufregender als das, was unsere Augen, Ohren und unser Tastsinn uns vermitteln. Mit dem Verlust dieses Wissens ging alle Magie des Daseins verloren. Die Kinder lernten, ihre Speisekammern zu füllen – aber ihre Herzen blieben leer. Die Tore zwischen sichtbarer und unsichtbarer Welt schlossen sich, und das Leben vieler Menschen versank in Trauer. Aus Kindern wurden Erwachsene, die das Wissen um die Macht der Liebe vergessen und die Fähigkeit, anderen zu vertrauen, verloren hatten. Dafür lernten sie, andere Menschen zu manipulieren, um zu überleben und andere aus dem Feld zu schlagen, um zu bekommen, was sie wollen. Doch nicht alles alte Wissen ging verloren, denn der Zauber beginnt nun hier und da seine Macht zu verlieren. Die Erwachsenen von heute, die Kinder von einst, erwachen und erkennen sich selbst. Sie erinnern sich an die unsichtbaren, verborgenen Welten und ihrer Wege. Jedes Kind, das neu geboren wird, hilft uns, diese Erinnerung wieder aufflammen zu lassen. Die Zeit ist nun gekommen, aus dem Schlaf aufzuwachen und den Bann zu brechen! Wacht auf!

Zwei Indianer, Großvater und Enkel, saßen zusammen und unterhielten sich.

Der Großvater meinte: »Ich habe stets das Gefühl, als würden in meinem Herzen zwei Wölfe miteinander kämpfen. Der eine dürstet nach Rache, ist zornig und wild … der andere aber ist gütig, voller Liebe und Kraft.«

»Welcher der beiden Wölfe wird gewinnen?«, wollte der Enkel wissen.

»Der, dem ich am meisten Nahrung gebe«, war die Antwort des Großvaters.

Und welchen Wolf nähren Sie?

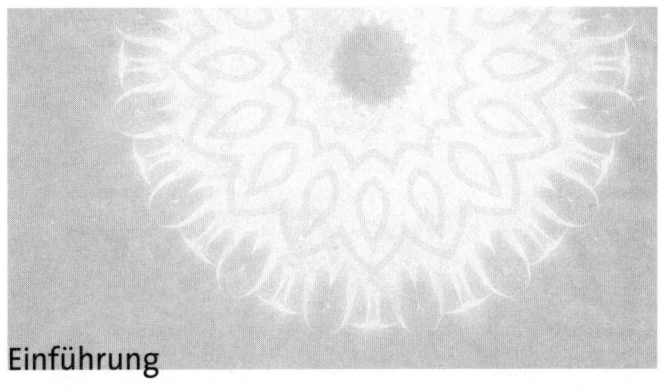

Einführung

Eines Nachts hatte ich einen überaus lebhaften Traum. Mit ein paar Kollegen aus dem Büro stand ich am Getränkeautomaten. Wir tranken unseren Kaffee und plauderten entspannt. Oberflächlich betrachtet schien die Unterhaltung herzlich, doch ich bemerkte, dass bestimmte Kollegen immer wieder dem einen oder anderen »psychoenergetische Hiebe« verpassten. Ich konnte förmlich sehen, wie diese unsichtbaren Boxhiebe den Solarplexus des Gegenübers trafen. Dieser »Schlagabtausch« versetzte mich in Erstaunen und ich fragte den, der den Schlag abbekommen hatte: »Ist alles in Ordnung?« Und seinen Angreifer: »Ist dir eigentlich bewusst, was du gerade getan hast?«

Solche Dinge passieren nur allzu häufig. Auf den ersten Blick lässt sich im Verhalten einer Person vielleicht keine Feindseligkeit feststellen. Möglicherweise hat unser Gesprächspartner ja ein künstliches Lächeln aufgesetzt, während er uns zuhört. Doch was geschieht auf der nicht-sichtbaren Ebene, wenn wir durch das, was wir sagen, durch die Art, wie wir uns geben, in unserem Gegenüber bestimmte Gefühle auslösen? Könnten wir die Gedanken anderer Menschen lesen, würden wir bald feststellen, dass das Lächeln einer Person nicht unbedingt ihre wahre Haltung ausdrückt.

Jeder war schon einmal in einem Raum oder an einem Ort, wo die Menschen sehr ängstlich oder zornig waren. Die Emotionen sind an solchen Orten fast mit Händen zu greifen; niemand hält sich dort gerne auf. Jeder von uns hat schon einmal erlebt, wie Hass einen Raum regelrecht vergiften kann.

Viele Redewendungen, die wir im Alltag benutzen, beschreiben einen Akt der Gewalt:

- Man trampelte noch auf ihm herum, als er längst am Boden lag.
- Hier ist Ellbogenmentalität gefragt.
- Ich fühlte mich total überrollt.
- Sie haben ihn niedergemacht.
- Er hat mir das Herz herausgerissen.
- Man hat sie mürbe gemacht.
- Sie haben ihn abserviert.
- Er raubt mir meine ganze Kraft.
- Sie fiel mir in den Rücken.
- Dafür werden sie dir den Kopf abreißen.
- Wenn Blicke töten könnten ...
- Mit seiner Art knebelte er das ganze Team.
- Sie kam total geladen in die Besprechung.

Bei dieser Art von Energieaustausch spielen wir die unterschiedlichsten Rollen. Einmal sind wir Sender, dann wieder Empfänger. Die Energien von Gewalt und Aggression werden auf einer energetischen, nicht sichtbaren Ebene aktiv, trotzdem beeinflussen sie unser körperliches Wohlbefinden ebenso wie unser seelisches. Wir fühlen uns auf all diesen drei Ebenen unbehaglich, wenn wir in einer Umgebung leben und arbeiten, die mit solchen negativen Energien aufgeladen ist.

Seit 1980 befasse ich mich intensiv mit einer uralten Form des Heilens, die als Schamanismus bekannt ist. Die Praxis des Schamanismus ist mindestens 40 000 Jahre alt, einige Anthropologen sprechen sogar von über 100 000 Jahren. In traditionellen Stammeskulturen übernahmen die Schamanen eine Vielzahl von Rollen: Heiler, Arzt, Priester, Psychotherapeut, Seher und Geschichtenerzähler.

Ein Schamane ist eine Person, die heilende Zeremonien durchführt und Informationen aus einer anderen Welt vermittelt. Schamanen sorgten dafür, dass die Stammesmitglieder gesund blieben. Mit ihren übersinnlichen Fähigkeiten spürten sie Nahrungsquellen auf, schützten das Gleichgewicht zwischen Mensch und Natur, feierten rituell Geburt und Tod sowie andere Lebenszyklen des Menschen und in der Natur. Schamanen deuteten Omen und achteten auf die Zeichen der Natur. Sie waren mit der unsichtbaren, verborgenen Welt eng verbunden.

Schamanismus wird auch heute noch überall auf der Welt praktiziert – auch die Aufgaben der Schamanen sind gleich geblieben. In manchen indigenen Kulturen wurden die alten Rituale und Heilungstechniken über Generationen hinweg bis in unsere Tage unverändert weitergegeben. In anderen Kulturen dagegen wurden sie abgewandelt, um wirkungsvoller auf die Probleme der modernen Welt reagieren zu können; Probleme, die sich von denen früherer Zeiten unterscheiden.

Früher dienten die Schamanen der Gesellschaft, in der sie lebten, als Ärzte und Psychologen. Heute arbeiten sie mit klassisch ausgebildeten Ärzten und Psychologen zusammen. Dabei suchen die Schamanen nach den spirituellen Ursachen einzelner Krankheiten, also nach dem, was auf der nicht sichtbaren Ebene geschieht.

Unserem Menschenbild zufolge ist der Mensch Körper, Geist und Seele. Wir sind mehr als unser Körper, mehr als unsere Gedanken und unsere Erfahrungen. Wir besitzen auch eine unsichtbare Seite, die wir als »Seele« bezeichnen. »Seele« ist für mich all das, was wir über unseren Körper hinaus sind. Wir können diesen Teil unseres Selbst nicht mit unseren

Augen sehen, doch zusammen mit Körper und Geist macht er unser gesamtes Sein aus.

Wenn man zu einem südamerikanischen Schamanen mit der Diagnose Krebs kommt, wird er sich zuerst einmal ansehen, was auf der energetischen Ebene los ist, jenseits des körperlichen Aspekts. Er wird versuchen herauszufinden, was auf der spirituellen Ebene mit einem geschieht. Eine solche Diagnose auf energetischer Ebene könnte beispielsweise sein, dass die körperliche Krankheit durch einen Zorn, den jemand anderes bei einem abgeladen hat, ausgelöst wurde.

Alle indigenen Kulturen wissen um den Unterschied zwischen »zornig sein« und »Zorn abladen«. Bildlich gesprochen: Wenn wir Zorn abladen, ist es, als würden wir Giftpfeile abschießen. Drücken wir ihn aus, ohne seine Energie mitzuschicken, machen wir einfach deutlich, dass wir im Moment Zorn empfinden. In dieser Art und Weise Zorn auszudrücken, liegt noch keine Bewegungsenergie, die sich auf andere Menschen richtet und ihnen Schaden zufügen könnte. Mit unserem kulturellen Hintergrund aber, der nur das anerkennt, was wir mit Augen sehen und mit Händen greifen können, verleugnen wir diese Ebene der Wahrnehmung.

Ein Beispiel: Nehmen wir einmal an, ich bin im Büro und sitze in einer Besprechung. Plötzlich sagt einer meiner Kollegen etwas, das in mir die Angst auslöst, meinen Arbeitsplatz zu verlieren. Statt mich nun mit meinen Ängsten zu befassen, projiziere ich meine Wut schweigend in den Raum. Ich sage mir ständig, wie sehr ich diesen Kollegen hasse. Allein die Verwendung des Wortes »hassen« birgt gewaltige Kraft in sich. Diese wächst im Gleichschritt mit der Angst, die ich empfinde und wird in den Raum übertragen. Sie geht wie ein Trommelfeuer auf alle Anwesenden nieder.

Führen Sie sich dieses Szenario einmal vor Augen und mit ihm all die Varianten, die Sie und Ihre Umwelt täglich durchspielen. Machen Sie sich klar, mit welch ungeheuren Mengen negativer Energien wir tagein, tagaus bombardiert werden. In solch einem Energiefeld zu leben laugt uns auf Dauer aus und raubt uns Kraft.

In meiner mittlerweile mehr als zwanzigjährigen schamanischen Praxis habe ich die Erfahrung gemacht, dass Menschen mit heilenden Berufen, allen voran die Psychotherapeuten, am ehesten Probleme haben, sich von negativer Energie zu befreien. Die Menge an negativer Energie, die beispielsweise in einer psychotherapeutischen Sitzung zum Ausdruck kommt, ist groß. Sie wird vom Klienten in den Raum projiziert und vom Therapeuten aufgenommen. Die Folgen können Depressionen, körperliche Erkrankungen und Burn-out sein. Bedauerlicherweise lernt man in der Psychotherapie nicht, wie man sich gegen solche Energien schützen kann. Nur wenige Therapeuten wissen, wie man diese Art von Energie abwehrt, anstatt sich damit zu belasten.

Noch bevor Schusswaffen und Bomben erfunden waren, kannten die indigenen Kulturen bereits »psychoenergetische« Formen der Kriegsführung. Der Feind wurde bezwungen, indem man Flüche und Verwünschungen über ihn aussprach. Man schickte also jenen, denen man schaden wollte, ganz bewusst negative Gedanken.

Kehren wir noch einmal zu unserem Beispiel mit den Giftpfeilen zurück. Die negativen Gedanken, mit Hilfe derer sich die verfeindeten Parteien jener Kulturen bekriegten, zeigten dieselbe Wirkung wie vergiftete Pfeile. Man ging also davon aus, dass psychologische Kriegsführung auf den Körper wirkte wie Gift.

Unbewusst handeln wir genauso wie die Krieger jener Tage. Der Mensch hat ein Ego. Dieses Ego ist der Grund dafür, dass er sich von anderen getrennt fühlt. Das Gefühl des Getrenntseins wiederum ist Ursache für eine Fülle negativer Emotionen: Zorn, Angst, Eifersucht, Verzweiflung, Aggressivität, Hass, und so weiter und so fort. Natürlich haben wir ein

Recht darauf, so zu fühlen und zu denken, wie wir es tun. Es ist wichtig, dass wir unsere Gefühle in ihrer ganzen Bandbreite erfahren. Schließlich führen sie uns in die Tiefen unseres Bewusstseins. So können wir innerlich wachsen. Doch wir sollten auch den »dunklen Seiten unseres Bewusstseins« die Chance geben, einen Samen auszubilden, der neues Leben hervorbringen kann, damit wir nicht in der Dunkelheit stecken bleiben.

Wir neigen dazu, uns mit unseren Mitmenschen zu vergleichen, und fühlen uns dabei meist unterlegen. Wir denken, die anderen seien intelligenter, schöner oder reicher als wir und im Gespräch mit anderen Menschen beschleicht uns zuweilen das Gefühl, dass diese uns verurteilen. Und schon haben wir die Spirale des Selbstzweifels in Gang gebracht. Nur der, der innerlich wirklich gefestigt ist, wird davon unberührt bleiben.

Es gibt sehr viele Auslöser für Selbstzweifel: Gespräche mit anderen Leuten, Beziehungsprobleme, wie sie in langjährigen und engen Bindungen einfach vorkommen, und viele Ereignisse unseres täglichen Lebens. Zum Beispiel Nachrichtensendungen: Wenn wir uns stark mit unseren Wertvorstellungen und Ansichten identifizieren, bringen uns Politiker mit ihren Äußerungen und Handlungen auf die Palme. Müssen wir dann noch in Schule oder Beruf unsere Kreativität unterdrücken, schleicht sich leicht das Gefühl ein, unsere schöpferische Lebenskraft habe uns verlassen.

Sicher kennen Sie auch den einen oder anderen der folgenden Gedanken:

- Ich habe es satt, dass meine Familie mich behandelt wie ein kleines Kind.
- Es ist zutiefst demütigend und verletzend, dass er diese peinliche Geschichte aus meiner Vergangenheit wieder hervorgezerrt hat.

- Der ständige Konkurrenzkampf mit meinen Geschwistern um die Liebe meiner Eltern zehrt an meinen Nerven.
- Es verletzt mich, dass meine Eltern mich ständig mit meinem Bruder vergleichen.
- Ich könnte an die Decke gehen, wenn ich höre, was die Regierung vorhat.
- Es macht mich traurig, wenn ich an die Menschen denke, die bei dem Erdbeben ihr Haus oder ihre Lieben verloren haben.
- Die Ungerechtigkeit auf der Welt lässt mich verzweifeln.
- Ich finde es schrecklich, dass mein Chef so über mich denkt.
- Das Verhalten meiner Kollegin stört mich.

Spiegeln diese Beispiele Gedanken oder Empfindungen wider, die auch Sie manchmal empfinden? Tag für Tag ertappen wir uns dabei, wie wir im Geiste unsere Ansichten rechtfertigen und unser Selbstwertgefühl verteidigen. Die Energie in unserer Umgebung fühlt sich nicht immer gut an. In den wenigsten Fällen umgibt uns ein Klima, das uns wachsen und gedeihen lässt. Meist haben wir eher das Gefühl, dass wir die diversen Hürden des Lebens nur mit Müh und Not nehmen.

Wenn wir lernen, die Energie hinter unseren negativen Gedanken, Überzeugungen und Emotionen umzuwandeln, können wir zu wahrem inneren Frieden gelangen. Lassen Sie uns also in diesen Zustand von Liebe und Wertschätzung eintauchen, damit die Energie des »Wachsens und Gedeihens« unser Leben durchdringt.

Die Menschen in Stammesgesellschaften glauben an einen Geist, der in allen Dingen lebt. Mit diesem Geist sind wir verbunden. Von ihm getrennt könnten wir gar nicht existieren. Wir sind mit allem verbunden, was lebt. Bäume, Blumen, Felsen, Wolken, Flüsse, Meere, Sterne, Menschen, Tiere - all dies ist Teil eines einzigen Organismus. Alles Leben steht miteinander in enger Beziehung. Das möchte ich an diesen Beispielen verdeutlichen:

Stellen Sie sich vor, dass an Ihrem Wohnort ein Vogel lebt, der sich von einer ganz bestimmten Insektenart ernährt. Wenn dieser Vogel dort nicht mehr lebt, wird die Vermehrung dieser Insektenpopulation nicht mehr beschränkt. Nun können sich die Insekten ungehindert vermehren. Dies wiederum hat massive Auswirkungen auf das Ökosystem Ihres Wohnorts.

Ein weiteres Beispiel: Bienen sind zuständig für die Bestäubung von Pflanzen und damit für ihre Fortpflanzung unerlässlich. Da sich aber die Umwelt durch menschliche Eingriffe verändert, gehören Wildbienen mittlerweile zu den gefährdeten Arten. Wird ihr Lebensraum so zerstört, dass sie vom Aussterben bedroht sind, ist auch die Nahrungsversorgung der Menschheit gefährdet.

Diese Beispiele zeigen, wie die Verbindung zwischen allen Lebewesen auf der materiellen Ebene funktioniert. Indigene Kulturen lehren zudem, dass wir an ein geheimes, geistiges, ja energetisches Netz des Lebens angeschlossen sind. Wir alle sind mit einer spirituellen Kraft verbunden. Die Quelle des Lebens trägt in den verschiedenen religiösen oder philosophischen Traditionen die unterschiedlichsten Namen.

Wieder können wir uns am Beispiel unseres Körpers dieses Verbundensein mit der Ur-Quelle verdeutlichen: Angenommen, Sie brechen sich den Arm. Dann ist nicht nur Ihr Arm verletzt, sondern Sie mit Ihrem ganzen Körper. Jede einzelne Zelle ist davon in Mitleidenschaft gezogen, denn Ihr Arm ist ja kein isoliertes Organ ohne Verbindung zum Rest des Körpers.

Auch wir Menschen als Gesamtheit sind Teil eines größeren Organismus. Alles, was wir im Leben tun, hat Auswirkungen auf das größere Ganze. Wir sind nicht isoliert, sondern eingebunden in das Netz des Lebens. Jede Veränderung in unserem Bewusstsein wird von diesem durch feine Schwingungen aufgenommen.

Wenn unsere Gedanken von Frieden und Liebe geprägt sind, wirkt sich dies auf alles Lebendige aus. Natürlich versuchen wir stets, die Welt positiv zu beeinflussen. Leider haben wir aber vergessen, dass *all* unsere Gefühle und Gedanken das Leben beeinflussen.

Spirituelle Traditionen aus allen Teilen der Welt lehren uns seit Jahrtausenden, dass die äußere Welt den Zustand unseres Bewusstseins widerspiegelt. Wollen wir also die äußere Welt verändern, müssen wir unser Innenleben einer Wandlung unterziehen.

Betrachten wir von dieser Warte aus die heutige Umweltzerstörung und -verschmutzung, dann erkennen wir, dass der Dreck, den wir in die Natur kippen, sein Gegenstück in uns selbst hat. All die toxischen Stoffe in unseren Gedanken und Gefühlen, in unserer geistigen Einstellung erfahren ihren Niederschlag in unserer verpesteten Luft, dem verseuchten Wasser, dem vergifteten Boden. Die Energie unserer negativen Gedanken und Gefühle landet am Ende im Trinkwasser, in der Atemluft, im Essen. Unsere Negativität macht schließlich auch vor unseren Mitmenschen nicht Halt. Durch unsere negativen Energien verschmutzen wir unsere Umwelt seelisch.

Wenn wir aber lernen, uns mit unserer eigenen negativen Energie auseinander zu setzen, ja sie am Ende gar vollkommen umzuwandeln, dann schaffen wir innere und äußere Gesundheit, dann stellt sich endlich der ersehnte seelische Friede ein.

Von Mahatma Gandhi stammt der Satz: »Wenn du Frieden willst, musst du Frieden sein.« Ich möchte dem hinzufügen: »Nicht unser Handeln verändert die Welt, sondern das, was wir sind – oder werden können.«

1. Kapitel
Die Auswirkungen unserer Energien auf andere

Die Alchemie der Seele

Werfen wir einen Blick auf die alten Prinzipien der Alchemie und die Möglichkeiten ihrer Anwendung. Die meisten Menschen glauben, dass die Alchemisten von einst einzig und allein die Gewinnung von Gold aus Blei anstrebten. Von manchen Psychologen jedoch wurde die Arbeit des Alchemisten als ein symbolischer Akt betrachtet, der das gewöhnliche »bleischwere« Bewusstsein in das Bewusstsein goldenen Lichts verwandeln soll. Das Wort »Alchemie« kommt aus dem Aramäischen und bedeutet »mit dem dichten Dunkel im Inneren arbeiten und es durchdringen«.

In diesem Buch werde ich Ihnen zeigen, wie Sie mit den negativen Gedanken und Gefühlen, die Ihnen im Alltag begegnen, sinnvoll umgehen können. Sie müssen sich dabei nicht vom »Rohmaterial« Ihrer Gedanken und Gefühle trennen. Das »Endprodukt« wird jedoch anders ausfallen als gewohnt. Statt vergiftete Energien über unsere Mitmenschen und unsere Umwelt zu entladen, werden Sie lernen, positive Energien auszusenden. Sie werden lernen, zu einem lebendigen Ausdruck von Licht und Liebe zu werden. Dieses Buch vermittelt Ihnen einige einfache Techniken, um Ihr Leben zu ändern und Ihr Energiefeld umzuwandeln. In Zukunft werden Sie wissen, wie Sie sich gegen Menschen schützen, die – meist aus Unwissenheit – negative Energie in die Umwelt entlassen.

Niemand möchte sein Dasein in einem vergifteten oder lebensfeindlichen Milieu fristen. Leider trifft dies jedoch heute auf das Lebensumfeld vieler Menschen zu. Je stärker unser Gefühl der Entfremdung wird, desto mehr nimmt auch die Feindseligkeit in der Welt zu. Energien, die trennend wirken, haben einen negativen Effekt auf uns und unsere Umwelt. Doch es gibt Möglichkeiten, sie unschädlich zu machen, und damit uns und unsere Umwelt zu verwandeln.

Wie Sie die Macht des Hier und Jetzt nutzen

Ich bin mir sicher, dass auch Sie schon Leuten begegnet sind, die Sie ganz instinktiv lieber nicht in Ihrer Nähe haben wollten. Sie sind wie eine schwarze Wolke, die alles verdüstert. Doch gibt es nicht auch solche Menschen, deren bloße Anwesenheit genügt, um »die Sonne aufgehen zu lassen«? Wie steht es nun mit Ihnen? Möchten Sie Ihre Umgebung heller machen? Dann müssen Sie an Ihrem Innenleben arbeiten!

In der westlichen Welt geben die Menschen gigantische Summen für Körperpflege und Schönheitsprodukte aus – nur um gut auszusehen. Sie könnten sich dieses Geld sparen, denn es gibt eine tiefere Schönheit, zu der jeder Mensch Zugang hat. Manche Menschen entsprechen nicht dem Schönheitsideal von Hochglanzmagazinen und Modedesignern. Und doch sind sie schön durch das Licht, das von ihnen ausgeht, durch die Art, wie sie auf uns zugehen. Eine Aura von Stille, innerer Kraft und Konzentration umgibt sie, die jeder spürt, der mit ihnen in Berührung kommt. Jeder Mensch kann eine solche positive Ausstrahlung entwickeln. Wir können unsere Umgebung, die Welt und auch uns selbst durch das Licht heilen, das wir ausstrahlen, wenn wir nur lernen, unser Innenleben zu entgiften und unsere Energie umzuwandeln. Auf diese Weise holen wir die Magie zurück in unser Leben. Wir *fühlen* uns »schön«.

Unsere negative Energie kehrt zu uns zurück

Zunächst einmal sollten wir lernen, *all* unsere Gefühle anzunehmen. Es liegt in der Natur des Menschen, dass alles, was wir sehen, hören oder mit Händen berühren, in uns Empfindungen auslöst. Und diesen Gefühlen wollen wir Ausdruck verleihen. Aus der Krebsforschung ist bekannt, dass Menschen, die ihre Gefühle unterdrücken, häufig körperlich erkranken. Es ist also auch gesund, »Dampf aus dem Kessel« abzulassen, um unser Immunsystem zu entlasten.

Aber natürlich sollten wir unsere Emotionen auf gesunde Art und Weise ausdrücken. Wir sollten unseren Seelenmüll nicht einfach beim Nächstbesten abladen. Wenn wir schlechter Laune sind, bedeutet das nicht, dass wir deshalb unsere Mitmenschen z.B. mit harten Gegenständen bewerfen dürfen.

Betrachten Sie Ihr Leben wie einen Garten. Wir alle wissen, wie angenehm es ist, durch einen liebevoll gepflegten Garten zu gehen. Wir können auch den Garten unseres Lebens hegen und pflegen. Wir werden das Unkraut, das dort wuchern will, entschlossen ausreißen, damit die Pflanzen in unserem Garten genügend Platz haben, um sich sich frei zu entfalten.

Die Verantwortung für unser Handeln liegt allein bei uns selbst. Wir brauchen deshalb ein größtmögliches Spektrum an Handlungsmöglichkeiten.

Wenn wir ständig in Alarmbereitschaft sind, stumpfen unsere Sinne ab. Wir fühlen dann, dass wir die Schätze, die uns das Leben bietet, nicht richtig genießen können. Wenn wir glauben, uns stets verteidigen zu müssen, zahlen wir einen hohen Preis. Paranoide Angstzustände schwächen unser Immunsystem und verdüstern unsere Seele. Nur allzu oft laden wir die eigene negative Energie auf andere ab, da dies gesellschaftlich durchaus toleriert wird.

Niemand ist gern in seinen negativen Emotionen gefangen. Es wird Zeit, dass wir diesen Zustand hinter uns lassen. Dazu müssen wir lernen, unserer Umgebung anders gegenüberzutreten. So als würde man einen Muskel trainieren, der einige Zeit nicht beansprucht wurde. Anfangs wird uns dies sicher einiges an Schweiß und Mühe kosten, bis wir den Muskel so weit haben, dass er mit Anmut und Leichtigkeit seinen Dienst tut. Doch mit fortschreitendem Training bewegen wir uns schließlich ganz natürlich und elegant.

Die entscheidende Kraft dabei ist unsere innere Absichtserklärung. Sobald wir einen klaren Entschluss gefasst haben, verändern wir unser Leben. Alle spirituellen Traditionen lehren uns, wie wichtig die Kraft der Intention ist. Haben wir unsere Entscheidung erst einmal getroffen, folgt unser Handeln ganz natürlich dem eingeschlagenen Weg.

Was Sie in diesem Buch lesen, ist Ihnen sicher nicht neu. Sie haben längst intuitiv erfahren, dass Sie andere Menschen mit Ihrer Energie beeinflussen und auch umgekehrt. Ich spreche nur aus, was Sie selbst bereits erkannt haben.

Ich werde Ihnen nun einfache Techniken zeigen, die Sie überall und jederzeit anwenden können, selbst beim Autofahren. Dabei hege ich die leise Hoffnung, dass diese Techniken Sie dazu inspirieren werden, letztlich Ihre eigene Methode zu entwickeln.

Innehalten

Nun wird es Zeit, ein wenig innezuhalten und über das Gelesene nachzudenken. Darum zeige ich Ihnen an dieser Stelle eine Übung, die Ihnen helfen soll, das bisher Gesagte zu »verinnerlichen«.

Bevor Sie also zum nächsten Abschnitt übergehen, möchte ich Sie bitten, das Buch zuzuklappen und sich für ein paar Minuten ruhig hinzusetzen.

Atmen Sie zunächst tief ein und aus. Konzentrieren Sie sich ein, zwei Minuten lang nur auf Ihren Atem.
Nun lassen Sie sich das bisher Gelesene durch den Kopf gehen. Achten Sie darauf, was sich dabei bei Ihnen »bewegt«. Beobachten Sie Ihre Gedanken oder Gefühle. Sie müssen nichts tun. Nur eine Entscheidung sollten Sie treffen: In welcher Art und Weise wollen Sie weitermachen, welche Richtung wollen Sie einschlagen?
Beantworten Sie bitte folgende Fragen. Wenn Sie möchten, halten Sie Ihre Antworten später in einem Tagebuch fest.
Ist es Ihrer Ansicht nach richtig, dass wir uns im Normalfall der Energien, die hinter unseren Gedanken und Gefühlen stehen, nicht bewusst sind?
Möchten Sie sich intensiver mit dieser Thematik beschäftigen, um mehr inneren Frieden zu empfinden und die Schönheit Ihres inneren Lichts in die Welt ausstrahlen zu lassen?
Falls ja: Wollen Sie ernsthaft an dieser Aufgabe arbeiten?

Es geht um die Alchemie der Seele, um einen Weg, die Energien hinter unseren Worten und Gedanken in Licht und Liebe zu verwandeln. So können sie zur Quelle der Heilung für uns und andere werden. Dies eröffnet uns grenzlosen Reichtum in unserem Leben und in unseren Beziehungen zu anderen, es lässt unser Dasein schöner und sinnerfüllter werden.

Was benötigen Sie dafür? Nicht allzu viel Zeit, aber die Bereitschaft zur steten Achtsamkeit und zur Auseinandersetzung mit dem, was in Ihrem Bewusstsein geschieht. Außerdem Willensstärke, um die geballte Energie unserer negativen Reaktionsmuster zu bändigen und durch positive Energien zu ersetzen. Und wie bei allen Dingen, die Willenskraft erfordern, geht es nicht ohne ständige Übung. Auf den ersten Blick mag diese Aufgabe schwierig erscheinen, denn es kostet Mühe, unseren Geist zu schulen. Doch je intensiver wir üben, desto leichter wird es uns fallen, ihn so zu lenken, dass Frieden und Harmonie entstehen, wo wir uns früher in Zustände von Angst und Wut verbissen haben. Je besser wir die Methode beherrschen, desto freier werden wir. Wir erlangen die Freiheit, jenes Bewusstsein und jene Energie zu erschaffen, die wir brauchen, um unser Leben zu verändern.

Wenn Sie bereit sind, sich darauf einzulassen, dann fassen Sie *jetzt* einen klaren Entschluss. Ihre Absichtserklärung wird zum Ausgangspunkt, einen Weg der Wandlung zu finden.

Und wenn Sie Ihren Vorsatz verstärken wollen, so ist es am besten, Sie erzählen einem anderen Menschen von Ihren Plänen. Gibt es in Ihrem Leben jemand, mit dem Sie dieses Vorhaben teilen möchten? Dann erzählen Sie ihm oder ihr, welche Veränderungen Sie in Ihrem Leben anstreben.

2. Kapitel
Unsere schöpferischen Kräfte aktivieren

Unsere Wandlung wird nur dann von Dauer sein, wenn es uns gelingt, unsere schöpferischen Kräfte zu aktivieren. Wir sollten aufhören, immer nur zu reagieren und stattdessen unser Leben und Energiefeld selbst gestalten. Zur Einstimmung können Sie zunächst die folgende Übung machen. Sie dauert etwa eine Viertelstunde. Natürlich dürfen Sie sie auch länger ausdehnen, wenn Sie möchten. Wählen Sie einen Ort, an dem Sie mit Sicherheit ungestört sind. Setzen oder legen Sie sich bequem hin. Sie können ruhige, entspannende Musik auflegen, wenn Ihnen die Übung so leichter fällt.

Wie Sie sich mit Frieden und innerem Licht verbinden

Suchen Sie zunächst zu Hause einen Ort, an dem Sie sich bequem hinlegen oder -setzen können. Falls das Licht Sie stört, bedecken Sie Ihre Augen mit einem Schal oder ziehen Sie die Vorhänge bzw. Jalousien zu. Legen Sie nun die Hände auf den Bauch. Atmen Sie langsam. Es kommt nicht darauf an, ob Sie durch Mund oder Nase atmen, wichtig ist, dass Sie tief in den Körper hineinatmen. Lassen Sie den Atem ein paar Minuten locker und ohne Zwang strömen, damit Ihr Körper in einen tiefen Entspannungszustand gleiten kann. Stellen Sie sich vor, wie Ihr ausströmender Atem all Ihre Gedanken und Sorgen mit sich nimmt. Fühlen Sie, wie sich diese Gedanken und Sorgen in reines Licht verwandeln.

Während Sie weiter tief und langsam in den Bauch atmen, rufen Sie sich einen Ort in der Natur ins Gedächtnis, den Sie besonders schätzen. Dieser Ort strahlt Frieden und Schönheit aus. Er kann überall sein: in unmittelbarer oder näherer Umgebung, an Ihrem Wohnort, Urlaubsort oder anderswo.

Stellen Sie sich so plastisch wie möglich vor, dass Sie nun an diesem Ort sind. Betrachten Sie alles, was es dort zu bestaunen gibt. Welche Farben sehen Sie? Welche Pflanzen, Bäume, Tiere, Vögel oder Fische? Welche anderen Lebensformen? Wie sieht der Himmel aus? Ist er bewölkt oder klar? Welche Farbe hat er?

Nehmen Sie irgendwelche Geräusche wahr? Weht der Wind oder regt sich kein Lüftchen? Gibt es dort Wasser? Wie hört es sich an? Singen die Vögel? Gibt es andere Tierlaute, andere Naturgeräusche, die an Ihr Ohr dringen?

Saugen Sie die Luft tief ein. Ist sie frisch und rein? Welche Gerüche nehmen Sie sonst noch wahr?

Spüren Sie, wie Ihr Körper in den Boden sinkt. Die Erde stützt und liebt Sie, wie sie es immer getan hat. Fühlen Sie, wie eine leichte Brise Ihren Körper umspielt. Spüren Sie, wie die Luft Sie zärtlich berührt, wie sie es bei jedem Atemzug tut, den Sie machen? Ist es warm? Spüren Sie, wie die Sonne Sie mit Lebensenergie speist, wie sie das Tag für Tag tut? Liegt Feuchtigkeit in der Luft, die jede Zelle Ihres Körpers nährt? Wir alle brauchen Wasser.

Hier an diesem Ort zu sein macht Ihnen wieder bewusst, wie kostbar das Leben ist. Sie sind jetzt hier, nehmen eine Auszeit vom hektischen Alltagsleben und dem Karussell

Ihrer Gedanken und Gefühle. Atmen Sie. Spüren Sie den Frieden und die Stille der Natur. Sie erinnern Sie daran, dass Sie mit dem Leben in all seinen Facetten verbunden sind. Sie sind kein abgetrennter Finger, der eine Einzelexistenz führt. Sie sind mit einem lebenden Organismus verbunden, der Sie immer unterstützen wird. Sie sind eins mit dem Netz des Lebens. Atmen Sie und spüren Sie dieses Verbundensein.

Woher kommt diese Erde mit all ihrer Schönheit? Woher kommen Sie und alles, was auf dieser Erde lebt? Betrachten Sie das Wunder Ihres Körpers. Er ist ein so komplexer Verbund aus Zellen, die unsere Organe bilden, die wissen, was sie zu tun haben, die unser Leben ausmachen. Wir haben ein Gehirn, das uns erlaubt, Schönheit und Freude am Dasein zu genießen. Und wir besitzen die Fähigkeit, in unserem Leben Schönheit und Freude selbst zu erschaffen.

Ein Schöpfer, eine schöpferische Energie hat uns ins Dasein gebracht. Atmen Sie weiter tief ein und aus und spüren Sie die schöpferische Kraft des Universums. Spüren Sie die Energie von Licht und Liebe, die Sie erzeugt haben. Fühlen Sie, wie Sie gleich Ihrem Schöpfer die Macht haben, mit Atem und Gedanken Licht und Liebe zu erschaffen.

Lassen Sie sich tief sinken in die Erfahrung dieser Liebe, aus der unser Planet entstanden ist. Wenn etwas so schön ist, verdankt es seinen Ursprung reiner Liebe und tiefem Frieden.

Während Ihr Atem ruhig weiterfließt, legen Sie Ihre Hände auf Ihr Herz. Fühlen Sie Ihren Herzschlag. Während Sie dem rhythmischen Geräusch Ihres Herzens lauschen, spüren Sie, dass Sie mehr sind als dieser physische Körper, mehr als Ihre Gedanken und Lebenserfahrungen. Lassen Sie Ihre körperliche Existenz tief in die Erde hinein sinken. Reisen Sie in Ihr Innerstes, wo Sie sich selbst als reines Licht erfahren.

Sie sind ein Lichtwesen. Sie haben diesen Körper bekommen, um die Freuden und Wunder dieser Erde zu erfahren. Mit Ihren Augen können Sie Schönheit sehen. Mit Ihrem Körper, Ihrem Tastsinn können Sie Schönheit fühlen. Sie können die Liebe von Sonne, Erde, Wind und Wasser spüren, wenn Sie die Energie dieser Leben spendenden Elemente empfangen. Sie vermögen Freude und Schönheit mit Ihren Ohren aufzunehmen, können die zärtlichen Botschaften des Windes hören. Sie riechen den süßen Duft des Lebens, schmecken die wundervollen Speisen, die uns diese herrliche Erde so reichlich schenkt.

Mit Ihrem Geist können Sie Gedanken erschaffen und sie ins Universum hinaussenden, damit sie als Geschöpfe Ihrer Liebe und Ihres Lichtes wieder zu Ihnen zurückkehren. Sie besitzen die Gabe, in Ihrem Leben Liebe und Freude offenbar werden zu lassen. Das ist Ihre Bestimmung.

Von diesem Ort aus, an dem Sie reines Licht sind, hüllen Sie sich wieder ins Kleid Ihrer Zellen. Knochen, Organe und Haut werden wieder fühlbar. Umarmen Sie Ihren Körper, der die Quelle so vieler wunderbarer Erfahrungen ist, ohne darüber zu vergessen, dass Sie ein spirituelles Lichtwesen sind, das auf diesen wunderbaren Planeten Erde gekommen ist, um die Erfahrung einer körperlichen Existenz zu machen.

Betrachten Sie nun noch einmal den Ort, an dem Sie sich befinden, mit neuen Augen. Fühlen Sie, wie viel Liebe und Licht es hier gibt. Nehmen Sie die Magie des Lebens in sich auf. Das Leben ist so kostbar. Wir sind hier, um Liebe zu erfahren und sie mit allen Lebensformen zu teilen.

Erinnern Sie sich, wer Sie in Wahrheit sind.

Während Sie weiter mit den Händen auf Ihrem Herzen atmen, legen Sie dort ein Symbol nieder, das zeigt, dass Sie an diesem Ort in Ihrem Herzen gewesen sind. Das kann ein bestimmter Klang sein, eine Empfindung, ein Duft, ein Ge-

schmack. Atmen Sie tief in Ihr Herz hinein, in dem diese Erinnerung nun für immer bewahrt wird.
Bringen Sie jetzt mit Hilfe der Atmung Ihr Bewusstsein in den Raum zurück, in dem Sie sitzen oder liegen. Kehren Sie mit der Erinnerung zurück, dass Sie Liebe und Licht sind. Bewahren Sie in Ihrem Herzen die Erfahrung, dass das Leben etwas Kostbares ist.
Wenn Sie so weit sind, öffnen Sie die Augen und machen Sie sich bewusst, dass Sie nun zurück sind. Vielleicht spüren Sie, dass jetzt eine andere Energie in Ihrem Körper fließt.
Atmen Sie, um sich zu erden. Fühlen Sie, wie Ihr Atem durch die Füße in den Boden strömt und Sie erdet. Spüren Sie Ihren Körper auf seiner Unterlage und wie er Sie mit der Erde verbindet. Nehmen Sie die Geräusche im Raum wahr, die Sie erneut in der Wirklichkeit verankern.

Ist das, was Sie denken, wahr oder falsch?

In Konfliktsituationen ruft unser Geist häufig eine frühere Erfahrung aus dem Bewusstsein bzw. Unterbewussten ab. Dadurch wird ein Angst- bzw. Überlebensreflex ausgelöst, der auch als »Kampf-oder-Flucht-Impuls« bekannt ist. Zu unserer Arbeit an uns selbst gehört es nun, zwischen realen Gefahren, die zu Recht unsere volle Aufmerksamkeit verlangen, und vermeintlichen Gefahren, die nur in unserer Vorstellung existieren, unterscheiden zu lernen.

Wir müssen lernen, uns auf unser inneres Wissen, also unsere Intuition, zu verlassen. Die Quellen unserer Intuition liegen tief in unserem Inneren, jenseits aller Erinnerungen an frühere Erfahrungen. Die Intuition kennt die Wahrheit, das Denken hingegen führt nicht immer zu brauchbaren Ergebnissen.

Ich möchte Ihnen als Nächstes eine kleine Übung zeigen, mit der Sie den Unterschied zwischen Denken und Intuition klarer erkennen können. Nehmen Sie sich für diese Übung ein paar Minuten Zeit.

Denken Sie an etwas, das Sie mögen: Ihr Lieblingsgericht, eine Blume, einen Duft oder einen Geschmack. Es sollte nichts Kompliziertes sein. Nun richten Sie Ihre Aufmerksamkeit nach innen. Sagen Sie: »Ich mag ...« Spüren Sie die Gefühle, die sich einstellen, wenn Sie sich selbst die Wahrheit sagen. Kommt dabei vielleicht auch ein bestimmtes Bild auf? Gibt es andere innere Rückmeldungen, die Ihnen signalisieren, dass es wahr ist, was Sie eben gesagt haben?
Stehen Sie auf und gehen Sie ein paar Schritte. Beschäftigen Sie sich einige Minuten lang mit etwas anderem, um die erste Übung aus dem Kopf zu verdrängen.
Dann setzen Sie sich wieder hin und erzählen Sie sich selbst eine Lüge. Sagen Sie: Ich hasse ... (Setzen Sie hier den »Gegenstand« ein, den Sie eigentlich lieben.) Wie fühlt es sich körperlich an, wenn Sie sich selbst belügen? Kommt in Ihnen ein bestimmtes Bild hoch, wenn Sie sich selbst nicht die Wahrheit sagen? Melden sich andere Empfindungen, schrillen bestimmte Alarmglocken, wenn Sie sich belügen?
Wiederholen Sie diese Übung nun mit einem Satz, der ausdrückt, dass Sie ein erfülltes Leben führen möchten, ein Leben in Gesundheit und Selbsterkenntnis. Ein Leben jenseits jeder Oberflächlichkeit. Und dann verkehren Sie den Satz in sein Gegenteil: Ich wünsche mir ein Leben ohne Sinn. Ich will leiden. Es ist mir völlig egal, wer ich bin. Ich wünsche mir ein bedeutungsloses Leben. Wie fühlen sich diese beiden Aussagen für Sie jeweils an?
Behalten Sie diese Übung während der nächsten Wochen bei. Sie wird Ihnen helfen, das nötige Unterscheidungsvermögen zu entwickeln, um feststellen zu können, ob Ihr

> Geist auf Grund einer schmerzlichen Erinnerung in Ihnen Angstzustände auslöst oder ob er auf die Wahrheit Ihres innersten Seins zusteuert.

Unser Geist verfällt sehr schnell in eingefahrene Reaktionsmuster. Daher müssen wir lernen, wie wir diesen Selbstschutzmechanismus stoppen können, wenn ein bestimmtes Ereignis uns Angst einflößt oder Wut in uns auslöst. Ich weiß, wie schwierig dies ist, da uns diese Reflexe doch längst in Fleisch und Blut übergegangen sind.

Auch hier müssen wir uns zunächst wieder vor Augen führen, dass es für uns als Menschen normal ist, die verschiedensten Gefühle zu empfinden. Wir alle reagieren auf unsere Mitmenschen bzw. unsere Umgebung in vielen Fällen eher negativ. Das ist nur menschlich. Darum haben wir uns ja zur Aufgabe gemacht, die hinter diesen Gedanken und Emotionen stehende Energie in liebevolle Energie zu verwandeln.

Zunächst einmal sollten wir nicht mehr bloß wie ein Automat reagieren. Wir sollten uns vornehmen, unsere Erfahrungen ganz bewusst zu machen, um unsere Gefühle aufarbeiten zu können. Wir wollen nicht durch die Welt stolpern und blind auf alles reagieren, was sich uns als mögliches Problem in den Weg stellt.

Wie Sie automatisches Reagieren vermeiden

Mit der folgenden Übung arbeite ich immer wieder, um mir automatisierte Reaktionsmuster bewusst zu machen. Machen Sie diese Übung, wenn Sie feststellen, dass Sie negative Empfindungen haben.

> Denken Sie an etwas, das Sie sehr gern haben: das Gesicht Ihres Kindes, eine Katze oder einen Hund. Das Bild ruft

positive Empfindungen bei Ihnen hervor. Nun stellen Sie sich vor, wie Sie Ihre negative Energie zu Ihrem positiven Gefühl hin lenken. Sie wollen doch nicht wirklich bei diesem geliebten Geschöpf Ihre negative Energie abladen?
Atmen Sie tief durch und überlegen Sie, wer der Mensch ist, der Ihre »Giftattacke« abbekommt. Nehmen wir an, Sie sitzen beim Abendessen. Das Telefon läutet, und ein Telefonverkäufer will Ihnen etwas verkaufen. Nehmen wir weiter an, Sie hatten ein schlimmen Tag im Büro. Ihr Chef hat seine Wut an Ihnen ausgelassen, weil er noch schlechter gelaunt war als Sie. Ohne es zu wollen, laden Sie nun Ihre ganze Wut auf diesen Telefonverkäufer ab. Aber dieser versucht einfach nur, seine Familie zu ernähren. Hat er es wirklich verdient, dass Sie ihm diese geballte aggressive Energie schicken?

Machen wir uns bewusst, wer unsere negativen Energien abbekommt, so können wir das Reaktionsmuster durchbrechen.
Entscheidend dabei ist, dass wir keine Schuldgefühle zurückbehalten. Die Energie hinter Schuldgefühlen ist äußerst schädlich. Vielleicht haben wir ja gelernt, dass es in Ordnung ist, wenn wir auf anderen herumtrampeln, sofern wir uns dabei nur schlecht fühlen. Doch wenn Sie in Schuldgefühlen baden, trampeln Sie in Wirklichkeit nur auf sich selbst herum. Diese Übung zeigt Ihnen, wie Sie sich selbst genauso mitfühlend behandeln wie andere. Denn schließlich sind auch Sie ein wertvoller Mensch, dem man kein Leid zufügen sollte.

Wie Sie zwischen Lüge und Wahrheit unterscheiden lernen

Eine andere Technik, die Sie ausprobieren könnten, basiert auf der Wahr-oder-Falsch-Übung, die ich Ihnen bereits in diesem Kapitel vorgestellt habe. Verankern Sie ein Symbol oder ein bestimmtes Gefühl in Ihrem Geist, das Ihnen signalisiert, wann Sie innehalten müssen. Wenn dieses Symbol sich in Ihrem Bewusstsein meldet, atmen Sie tief durch und reagieren Sie nicht. Vielleicht stellen Sie sich ein Stoppschild vor, das immer dann auftaucht, wenn Sie dabei sind, negative Energie auszusenden.

Auch hier geht es nicht darum, unsere Gefühle zu verleugnen oder zu unterdrücken. Wir arbeiten vielmehr mit ihnen. Falls Sie gerne im Garten arbeiten, haben Sie vielleicht Erfahrung mit Kompost gesammelt. Wenn wir unseren Kompost überlegt einsetzen, bekommen wir prächtige Blumen. Verwenden wir ihn aber nicht, verrottet er nutzlos vor sich hin.

Ein Pflanzenexperiment

Diese Übung verwende ich auch in meinen Workshops. Sie bringt die Teilnehmer dazu, im Alltag gegenüber den Energien hinter ihren Gedanken und Gefühlen sensibler werden.

Ich bringe zu den Kursen kleine Blumentöpfe, Erde und Samen mit. Dann bitte ich die Teilnehmer, einen Blumentopf zu bepflanzen als Sinnbild für ihren Garten des Lebens. Diesen Topf sollen sie den ganzen Tag mit sich tragen und beobachten, welche Energie sie ihrem »Garten« schicken.

Nehmen wir an, ein Teilnehmer sitzt mit seinem Pflänzchen beim Mittagessen. Plötzlich wandelt sich das Tischgespräch zur hitzigen politischen Debatte oder die Anwesenden verfallen angesichts des Klimawandels und seiner Folgen in tiefe Depression. Arbeitet der Teilnehmer mit seinen Gefühlen, schickt er der Pflanze trotzdem liebevolle Energie. Brütet er jedoch innerlich kochend über seinen Emotionen und schickt seine Wut an die Person, die seine negativen Gedanken auslöst, geht diese Energie auch auf die Pflanze über. Er nährt also seinen Lebensgarten mit negativer Energie statt mit der Kraft der Liebe.

Manche Teilnehmer hängen sich sogar ihren Topf mit einem Stück Schnur wie eine Kette um den Hals, sodass die Pflanze direkt über ihrem Herzen sitzt. Wenn sie lernen, ihre negativen Gedanken und Gefühle in Licht und Liebe zu verwandeln, keimen die Samen sehr schnell. Ich habe schon erlebt, dass Samen bei derart liebevoller Behandlung innerhalb von zwei Tagen kleine grüne Keimlinge treiben.

Vielleicht ist es für Sie zu umständlich, mit Samen zu hantieren. Dann können Sie eine kleine Pflanze kaufen. Stellen Sie sie auf Ihren Schreibtisch im Büro bzw. an einen Ort im Haus, wo Sie sie im Blick haben. Achten Sie darauf, mit welcher Energie Sie Ihre Pflanze im Laufe des Tages »füttern«. Mit derselben Energie speisen Sie auch Ihren Körper und Ihr Leben.

Dieses Experiment lässt sich auch mit Nahrungsmitteln oder Getränken durchführen.

In den Spiegel sehen

Auch vor dem Spiegel können Sie das Aussenden von Emotionen gut beobachten. Vielleicht haben Sie bei dieser Übung Hemmungen, denn niemand sieht sich gerne dabei zu, wie er negative Energien produziert. Vielleicht müssen Sie aber auch mit einem Mal schallend lachen, weil es doch reichlich seltsam ist, wie Sie sich gerade verhalten. Das wäre eine positive Reaktion, denn zu negativen Empfindungen kommt es meist, weil wir uns selbst viel zu ernst nehmen. Eine Prise Humor schafft in unserem Leben Raum für Licht und Freude – beides unabdingbare Voraussetzungen für jede Heilung.

Wie Sie Ihre Gefühle ausdrücken ohne jemandem zu schaden

Ich war einmal einkaufen und hatte später einen Termin, den ich auf keinen Fall versäumen durfte. Daher musste ich all meine Besorgungen vor diesem Termin erledigen und hoffte, dass die »Götter der Vorratskammer« sich mir gewogen zeigen würden. Alles hatte ich eingeplant – nur keine Verzögerungen.

Es kam, wie es kommen musste. Ich fuhr gerade die Hauptstraße hinab, als der Fahrer des Wagens vor mir plötzlich anhielt, um einen Lieferwagen aus einer Ausfahrt zu lassen. Diese Ausfahrt war sehr schmal und der Fahrer des Lieferwagens musste ordentlich rangieren.

Dieser unfreiwillige Zwischenstopp bedeutete für mich, dass sich mein ganzer Zeitplan verschob! In ein paar Tagen aber sollte ich verreisen und fühlte mich gestresst und überfordert. Mein Geduldsfaden war deshalb äußerst dünn gesponnen.

Mein Eingeständnis, dass die freundliche Geste des Fahrers vor mir mich auf die Palme trieb, ist mir durchaus peinlich. Mir war völlig klar, wie irrational meine Reaktion war. Schließlich hätte ich meine restlichen Besorgungen auch später erledigen können. Doch insgeheim kochte ich.

Also blieb ich hinter dem Lenkrad sitzen und sagte mir immer wieder: »Ich bin wütend, werde meine Wut aber nicht auf andere Menschen ausstrahlen lassen.« Dabei betrachtete ich den Fahrer vor mir. Er sah nett aus, wollte ich ihm wirklich meine giftigen Energien auf den Hals schicken?

Mit dieser Art von Selbstgespräch bekam ich mich schließlich so weit unter Kontrolle, dass ich ihm keine negativen Gedanken sandte. Weil ich meine Gefühle akzeptierte, andererseits aber meine automatische Reaktion stoppen konnte, gelang es mir, mein Verhalten zu ändern. Unter Stress geschieht es nur allzu leicht, dass wir etwas tun, was wir später bereuen.

In Momenten, in denen Sie merken, dass Sie die Geduld verlieren, sagen auch Sie sich immer wieder:

> Ich bin wütend und zornig,
> werde aber meine Wut und meinen Zorn
> nicht auf andere Menschen ausstrahlen lassen.

Schreiben Sie diesen Satz auf verschiedene Kärtchen, die Sie an Orten platzieren, wo Sie regelmäßig solche Merkhilfen brauchen können. Das Armaturenbrett Ihres Autos oder Ihr Schreibtisch im Büro sind ideale Plätze. Sicher finden Sie noch andere.

Stellen Sie sich vor, wie viel heilsame, konstruktive Energie Sie zur Verfügung hätten, wenn es Ihnen gelänge, sich von Reaktionsmustern frei zu machen, die durch Angst, Furcht und Schuld bestimmt sind.

Energieumwandlung in der Praxis

Das Prinzip, die Energie, mit der Sie Ihren Lebensgarten nähren, umzuwandeln, können Sie auch auf andere Lebensbereiche übertragen.

Ich sitze zum Beispiel gern am Spinnrad und spinne Garn aus Flachs. Dabei stelle ich mir vor, wie ich in mein Garn Liebe spinne. Wenn andere Menschen dann die Sachen tragen, die ich aus meinem Garn gemacht habe, werden sie gleichsam von Liebe eingehüllt. Handarbeiten Sie gerne, können Sie sich bei Ihrer Tätigkeit vorstellen, wie Ihre Liebe in die Kleidungsstücke fließt, die Sie für Familie oder Freunde anfertigen.

Wenn ich koche oder backe, dann rufe ich mir ins Bewusstsein, wie sehr ich die Menschen liebe, für die ich gerade eine Mahlzeit bereite. Liebe geht durch den Magen. Machen Sie sich beim Kochen Ihre Stimmungen bewusst. Welche Energien tischen Sie sich und Ihren Lieben auf?

Wenn ich draußen in der Natur Vögel füttere, mache ich mir bewusst, wie schön diese Tiere singen und wie schön es ist, dass es sie gibt. Wenn ich meine Zimmerpflanzen bzw. die Pflanzen im Garten gieße, danke ich ihnen für ihre Schönheit und wässere die Erde und meine »grünen Freunde« mit Liebe. Ähnlich können Sie sich bewusst machen, welche Energien Sie in Ihre Umgebung aussenden, wenn Sie in Haus und Garten Routinearbeiten oder Reparaturen erledigen.

Zu meinen täglichen Pflichten gehört der Gang zum Postamt, wo die Atmosphäre wegen der nicht enden wollenden Warteschlangen vor den Schaltern oft mit Zorn und Ungeduld aufgeladen ist. Ich nehme mir dann regelmäßig vor, die Laune der stressgeplagten Schalterbeamten und Kunden etwas zu verbessern, sei es mit ein paar freundlichen Worten, einem Lächeln oder liebevollen Gedanken.

Beim Autofahren versuche ich mit Hilfe bestimmter Übungen meinen regelmäßig auftretenden Zorn auf andere Autofahrer in Liebe und Mitgefühl zu verwandeln. Die Straßen segne ich nach Möglichkeit mit positiver Energie.

Suchen Sie ähnliche Möglichkeiten, wie Sie im privaten wie im beruflichen Umfeld mit solchen Methoden der Energiearbeit sowohl die eigene Gesundheit als auch die Ihrer Mitmenschen positiv beeinflussen können.

So können Sie die Energie verwandeln, mit der Sie Ihren Körper, Ihre Umwelt, Ihre Vorhaben und Pläne speisen, indem Sie sich Ihrer Gefühle bewusster werden und den Vorsatz fassen, in alles, was Sie tun, Ihre Liebe fließen zu lassen.

3. Kapitel
Energien positiv umwandeln

Wenn Sie gelernt haben, Ihr Reaktionsmuster zu verändern, beginnt Ihre eigentliche Arbeit. Zunächst einmal müssen Sie Ihre Gedanken und Gefühle akzeptieren. Sie haben ein Recht auf Ihre unterschiedlichen Empfindungen. Sie haben sich aber dafür entschieden, Ihre Energie auf eine andere Ebene zu bringen. Nun werden Sie lernen, wie Sie die Energie, die Sie ausstrahlen, in die Schwingung von Licht und Liebe verwandeln können.

Wie Sie Ihre Energie mit Atemtechniken umwandeln

Energie mit Hilfe des Atems umzuwandeln ist eine sehr einfache Technik. Ihnen ist vielleicht schon aufgefallen, dass Ihr Atem schnell und flach wird, wenn Sie auf etwas heftig reagieren. Meist wird dabei auch Ihr Kopf heißer. Ruhen Sie dagegen gelassen in sich selbst, fließt auch Ihr Atem sanfter.

In unserer Kultur haben wir verlernt, natürlich zu atmen. Dies ist eine der Hauptursachen für unsere zahlreichen körperlichen und seelischen Probleme. Eine meiner Freundinnen litt jahrelang unter lähmenden Panikattacken. Sie hatte es mit allerlei angstlösenden Medikamenten versucht, auch mit Alkohol, mit Diäten und was es an Möglichkeiten sonst noch gibt.

Woods, mein Mann, ist Yoga- und Meditationslehrer sowie Atemtherapeut. Er zeigte ihr einige einfache Atemtechniken, die sie täglich fünf Minuten lang durchführen sollte. Bei der ersten Übung spürte sie sofort, wie ihre Angst sich löste. Nach kurzer Zeit berichtete sie, dass ihre Angstzustände ganz verschwanden, wenn sie täglich ihre Atemübungen machte.

In dem Siebzigerjahren arbeitete ich bei einer Zeitarbeitsfirma als Sekretärin. Einmal wurde ich an eine Bank vermittelt, deren Geschäftsräume im Hochhaus einer Großstadt lagen. Mein Schreibtisch stand im gleichen Stockwerk wie der des Vizepräsidenten der Bank. Die Lüftungsschlitze der Klimaanlage befanden sich knapp über dem Boden. Manchmal war die Klimaanlage zu niedrig eingestellt und der Vizepräsident bekam kalte Füße. Also wurde die Lüftung ganz abgestellt.

Mit schöner Regelmäßigkeit sackte ich um drei Uhr nachmittags nahezu bewusstlos an meinem Schreibtisch zusammen, da ich an Sauerstoffmangel litt. Eine Kollegin musste mich nach draußen bringen, damit ich Luft schnappen konnte, bevor ich mich wieder an meine Arbeit machte. Wochenlang war ich ständig erkältet. Schließlich kündigte ich, weil die Arbeitsbedingungen dort meiner Gesundheit schadeten. Meine Kollegen waren sehr nett, aber der Sauerstoffmangel im Büro machte mich krank.

Es gibt unzählige Bücher zum Thema Atmung und ihren Einfluss auf unser Wohlbefinden. Um körperlich und seelisch gesund zu bleiben, brauchen wir a) Sauerstoff und müssen b) atmen. Seit Tausenden von Jahren nutzt die Menschheit Atemtechniken, um die Lebensenergie zu steigern, die im Yoga Prana heißt.

Eine Auswirkung bewussten Atmens ist es, dass wir zu unserer Mitte finden. Bringt Sie etwas, was ein anderer gesagt oder getan hat, aus der Fassung, dann ist bewusstes Atmen der schnellste Weg, sich wieder zu zentrieren. Sie können Ihre Energie unmöglich umwandeln, wenn Sie nicht zentriert sind.

Bewusst atmen kann Ihnen helfen, Ihre Energie nicht weiter an negatives Gedankengut zu verschwenden. Tiefenatmung hilft Ihnen, Ihre Energie vom Intellekt und rationalen Gedankengängen abzuziehen und einer höheren Körper-Bewusstheit zufließen zu lassen. Wenn Sie in Kontakt mit Ihrem Körper sind, haben Sie Zugang zu einer tieferen Ebene inneren Wissens. Wenn Sie eins mit Ihrem Körper sind, verlassen Sie die Ebenen Ihrer alten, zwanghaften Reaktionsmuster.

Eine Atemübung zum Ausprobieren

Legen Sie das Buch für einen Moment zur Seite. Sie können bei dieser Übung sitzen oder liegen. Schließen Sie die Augen und legen Sie die Hände auf den Bauch. Atmen Sie tief ein und aus. Fühlen Sie, wie sich Ihre Bauchdecke hebt und senkt.

Atmen Sie durch Mund oder Nase. Die meisten Traditionen lehren, dass man durch die Nase atmen sollte. Ein indischer Yogalehrer meinte zu mir, es habe einen beruhigenden Effekt auf den Körper, wenn die Atemluft durch Nase und Nebenhöhlen fließt. Ich aber habe erfolgreich auch mit solchen Übungen gearbeitet, bei denen man durch den Mund atmet. Probieren Sie aus, was Ihnen mehr liegt. Atmen Sie dabei möglichst langsam.

Schnelles Atmen verhindert, dass Sie Ihre Mitte finden. Möglicherweise fühlen Sie sich auch kraftlos und wenig geerdet. Einige der bekannteren Trance-Techniken arbeiten mit schneller Atmung, weil diese das Energieniveau des Körpers steigert. Uns geht es hier aber darum, den Körper zur Ruhe zu bringen.

Wenn Sie noch keine Erfahrung mit langsamer Tiefenatmung haben, kann sich ein Gefühl leichter Verwirrung einstellen. Das ist meist dann der Fall, wenn Sie sonst eher flach atmen. Eine flache Atmung bewirkt, dass sich die Energie an bestimmten Punkten konzentriert. Bei der Tiefenatmung jedoch breitet sich der Sauerstoff im ganzen Körper aus. Das Schwingungsniveau unseres Körpers verändert sich, und wir dehnen uns aus, haben mehr Raum.
Wenn wir tief atmen, fühlen wir uns selbst mehr in der Gegenwart verankert. Was uns wiederum das Gefühl gibt, zentriert zu sein. Wenden Sie die Tiefenatmung an, wenn Sie in eines Ihrer alten Reaktionsmuster verfallen. So werden Sie die Energie, die Sie ausstrahlen, verwandeln. Auch Ihre Umwelt wird diese energetische Veränderung wahrnehmen.

Eine Übung zur Beruhigung

Die folgende Atemübung kann Ihnen helfen, wieder zur Ruhe zu kommen, wenn Sie das Gefühl haben aus einem bestimmten gedanklichen oder emotionalen Reaktionsmuster nicht mehr herauszukommen. Wenn Sie »runterkommen« wollen, wie der Volksmund dies so gut beobachtet, müssen Sie darauf achten, dass Sie länger aus- als einatmen.
Atmen Sie zuerst so lange wie möglich aus. Der Trick ist, dass wir erst einmal gründlich ausatmen müssen, wenn wir gute Luft tief einatmen wollen. Lassen Sie also Ihre Atemluft ruhig ausströmen. Nun atmen Sie ein und halten inne. Danach atmen Sie lange aus. Halten Sie wieder inne.
Diese Übung lässt sich vielfach abwandeln. Sie können einatmen und dabei bis vier zählen, Atem anhalten, ausatmen und dabei bis acht zählen. Vergessen Sie nicht die Atempause zwischen Ein- und Ausatmung.

Statt zu zählen, können Sie beim Ausatmen auch das Wort »Ruhe« bzw. »Frieden« wiederholen oder einen Satz wie »Ich bin ruhig«.

Passen Sie Ihre Zählmethode Ihren körperlichen Gegebenheiten an. Wenn Sie beim Ausatmen bis acht zählen und dabei blau im Gesicht werden, ist das nicht der richtige Weg zu mehr Entspannung.

Ihr individuell richtiges Maß finden Sie letztlich nur durch Üben und Ausprobieren.

Wie Sie atmend Ihr Gleichgewicht finden

In der vorigen Übung haben Sie gelernt, dass Ihre Ausatmung länger sein muss als die Einatmung, wenn der Körper zur Ruhe kommen soll. Wollen Sie Ihr inneres Gleichgewicht finden, sollten Ein- und Ausatmung möglichst gleich lang sein, was Sie am besten durch Zählen kontrollieren. Auch hier sollten Sie die Pause zwischen den Atemzügen nicht vergessen.

Beginnen Sie wieder mit der Ausatmung. Finden Sie Ihr Maß für die Länge Ihrer Atemzüge. Einatmen, bis vier oder acht zählen, innehalten, ausatmen, bis vier oder acht zählen.

Durch das Herz atmen

Sich vorzustellen, durch das Herz ein- und auszuatmen ist eine weitere Möglichkeit, unseren Geist zu beruhigen. Legen Sie Ihre Hände so auf die Brust, dass Sie beim Ein- und Ausatmen Ihren Herzschlag fühlen können. Stellen Sie sich vor, dass in Ihrem Herzen etwas höchst Kostbares gegenwärtig ist.

Ich habe festgestellt, dass ich einen besseren Zugang zu meiner Intuition habe, wenn ich diese »Herzatmung« verwende. Meine Energie schaltet dabei vom üblichen geistigen Geschnatter, von den endlosen Reaktionsschleifen gleichsam um auf inneren Frieden.

Ich verwende diese Technik besonders dann, wenn ich Kurse halte. Wenn ich auf die »Herzatmung« umschalte, spüre ich, dass meine Worte aus einer tieferen Quelle des Wissens kommen.

Kursteilnehmer, die schon länger mit mir arbeiten, wissen sofort, wann ich auf »Herzatmung« umschalte. Meine Präsenz im Raum verändert sich, wenn ich in den Zustand erweiterter Bewusstheit gehe. Wenn ich selbst dank der »Herzatmung« voller Liebe und Frieden bin, wirkt sich das auf alle Anwesenden aus.

Einer meiner Kursteilnehmer, George, hatte am Arbeitsplatz Probleme mit seiner Vorgesetzten. Sobald sie sich gegenüberstanden, musste man mit einer explosiven Reaktion rechnen. Offensichtlich harmonierten die persönlichen Energien der beiden nicht besonders.

Ich lehrte George die »Herzatmung« und wie er sich dabei auf das Bild bzw. das Gefühl von etwas sehr Kostbarem in seinem Herzen konzentrieren sollte. Er übte damit eine Weile und spürte bald eine Veränderung.

Als sich wieder eine Auseinandersetzung mit seiner Chefin anbahnte, entschloss er sich, es dieses Mal anders zu versuchen. Seine Vorgesetzte merkte nicht, dass er die »Herzatmung« praktizierte. Plötzlich war Stille im Raum. Die Energie nahm eine andere Färbung an und mit ihr auch die Art der Auseinandersetzung. Zum ersten Mal empfand George so etwas wie Verständnis für seine Chefin. Als er weiterhin die »Herzatmung« praktizierte, veränderte sich das Klima zwischen den beiden von Grund auf.

Atmen ist wohl mit der einfachste Weg, negative Energien zu transformieren. Wenn wir im »Reaktionsmodus« sind, wird unsere Atmung flach. Je mehr Stress wir empfinden, desto stärker gehen wir in den reaktiven Zustand. Durch bewusstes Atmen verändern Sie Ihre Energie ganz von selbst.

Versuchen Sie es mit einer der vorgestellten Atemtechniken, wenn Sie das nächste Mal mit anderen Menschen zusammen sind.

Spüren Sie, wie sich die Energie im Raum verändert, wenn Sie selbst ruhig und zentriert werden. Fühlen Sie, wie Sie selbst die Energie im Raum durch bewusstes Atmen umwandeln können. Wie Sie selbst mehr Raum haben und präsenter werden. Spüren Sie den inneren Frieden, der sich mit bewusster Atmung wie von selbst einstellt.

Wenn Sie energetisch selbst gerade »negativ geladen« sind, dann denken Sie an eine Person, ein Tier oder einen Gegenstand, die Ihnen Freude bereiten, für deren Existenz Sie wirklich dankbar sind. Dies wird Ihre Energie augenblicklich umwandeln.

Wie Sie mit der Energie hinter den Worten arbeiten

In Worten steckt ein enormes Kraftpotenzial. Sie beeinflussen unsere Beziehungen ebenso wie die Welt, die wir uns Tag für Tag schaffen.

Für mich sind Worte wie Samenkörner. Jeder Wortsame, den wir pflanzen, wird einmal zur entsprechenden Pflanze heranwachsen. Um wieder auf das Bild des Gartens zurückzugreifen: Säen Sie Liebe oder Hass und Furcht?

Alte Kulturen besaßen ein tiefes Verständnis für die Macht des Wortes. Dementsprechend hatten sie große Ehrfurcht vor dem Wort.

Die Navajo wünschen einander: »May you walk in beauty – Möge Schönheit dich begleiten.« Halte ich einen Vortrag über die Macht des Wortes und unter den Zuhörern findet sich ein Mitglied der Navajostämme, dann kann ich sicher sein, dass es bei der anschließenden Diskussion um die Bedeutung dieses Satzes geht. Im Kern sagt diese Wendung, dass wir anderen nichts wünschen sollen, was in ihrem Leben keine Schönheit schafft.

Hebräisch und Sanskrit sind die Sprachen der Wortmagie. In der jüdischen Überlieferung gibt es zahlreiche Geschichten, die von der Macht der Worte, von ihrer Macht zu heilen oder zu verletzen, zu erschaffen oder zu zerstören, berichten.

Im indischen Kulturraum, in dem Sanskrit die Sprache der heiligen Texte war, glaubte man, dass die Schwingung eines gesprochenen Wortes in das Universum ausstrahlt und als physische Manifestation zurückkehrt. Eine der hinduistischen Schöpfungsgeschichten erzählt, dass die Welt einem der Schädel von Kalis Halskette entsprungen ist. Jedem dieser Schädel entsprach ein Buchstabe des Sanskritalphabets.

Hebräisch wird als »konsonantische« Sprache bezeichnet, d.h. die Vokale werden nicht geschrieben. Dabei stellen die Vokale die wahre Kraft des Wortes dar, die Konsonanten sind nur das Gefäß. Die Vokale bestimmen also die Art der freigesetzten Kraft.

Wenn man nun die Vokale nicht schreibt, bleibt die wahre Bedeutung bestimmter Wörter vor den Augen und Ohren Uneingeweihter verborgen. Welche Wörter und welche Vokale es sind, die aus einer Konsonantenfolge ein magisches Wort machen, muss man lernen. So kommt es vor, dass ein bestimmtes Wort mit der einen Vokalkombination ein Allerweltswort ergibt, mit der anderen Vokalkombination hingegen ein höchst mächtiges »Wort der Kraft«.

Die Kabbala lehrt, dass die Welt aus den Buchstaben des Alphabets geschaffen wurde, also eine Schöpfung aus Klang und Schwingung ist. In der jüdischen Bibel ist der gesamte

Klang der Schöpfung gespeichert, also die Schwingungsenergien, die nötig waren, um die sichtbare Welt hervorzubringen. Darum heißt es, dass Worte schöpferische Kraft besitzen. Wenn aber das Wort die Macht hat zu erschaffen, dann kann es auch zerstören.

Alle Aspekte des Göttlichen haben einen »Kraftnamen«. Mit diesem Namen wird ein bestimmter Aspekt der Gottheit angerufen und die Schwingungsenergie dieses Aspekts erzeugt. Die Namen Gottes werden niemals leichtfertig in den Mund genommen, denn der Name selbst ist Kraft.

Die alten Ägypter waren so von der Macht des Wortes überzeugt, dass sie für bestimmte Wörter nur eine Umschreibung verwendeten. Das Wort selbst auszusprechen hätte bedeutet, eine physische Manifestation seiner Bedeutung zu schaffen. Den Ägyptern galten Wort und Tat nämlich als ein und dasselbe.

Wer hat nicht als Kind das berühmte »Abrakadabra« gesprochen, wenn er ein wenig zaubern wollte. »Abrakadabra« kommt vermutlich vom arabischen »abreq ad habra«, was so viel bedeutet wie »Ich werde erschaffen, während ich spreche«.

Die Schöpfungsgeschichten vieler Kulturen berichten, dass die Welt aus einem Klang, einem Wort entstanden ist. Worte sind klangliche Verkörperungen von Kraft.

Die Genesis sagt, dass Gott die Welt mit den Worten »Es werde Licht« erschaffen hat. Und im Neuen Testament lesen wir: »Im Anfang war das Wort, und das Wort war bei Gott, und Gott war das Wort.« In der Kosmologie der Hopi singen der Sonnengott und die Erdgöttin ihre Geschöpfe ins Leben. Die Hindus lehren, dass aus der heiligen Silbe *om* das ganze Universum entstanden ist.

In den Schöpfungsmythen der Welt ließen sich noch viele weitere Belege für die Erschaffung der Welt aus dem Klang finden.

Wie Sie mit der Kraft von Wörtern ein positives Umfeld schaffen

Versuchen Sie folgende einfache Übung. Setzen oder legen Sie sich bequem hin. Sie können für diese Übung auch hinaus in die Natur gehen. Wenn Sie im Haus üben, können Sie ruhige entspannende Musik auflegen, wenn es Ihnen so leichter fällt, locker zu werden.

Stellen Sie sich einen Ort in der Natur vor, an dem Sie jetzt gern wären. Das könnte z. B. der Ort aus der einleitenden Übung sein. Setzen Sie sich auf die Erde oder einen schönen Stein. Fühlen Sie, dass Sie wirklich dort sind.
Schauen Sie sich um und nehmen Sie Ihre Umgebung mit offenen, lebendigen Sinnen wahr. Hören Sie die Geräusche der Natur. Fühlen Sie den Wind, der Sie umspielt, die Erde bzw. den Stein unter sich. Riechen Sie die verschiedenen Düfte, schmecken Sie die Luft.
Während Sie an diesem wunderbaren Fleckchen Erde sitzen, denken Sie darüber nach, ob es irgendwelche Wörter gibt, die Sie besonders oft verwenden. Diese Wörter sollen Sie dann laut aussprechen und spüren, welche Schwingung von diesen Wörtern ausgeht und sich in den Raum ausbreitet.
Versuchen Sie sich sozusagen zum »Aufwärmen« an den folgenden Begriffen. Sagen Sie als Erstes laut »Licht«. Spüren Sie das unsichtbare Kraftfeld, das dieses Wort umgibt. Nehmen Sie nun das Wort »strahlen« und fühlen Sie, welche Energie dieses Wort ausstrahlt. Beobachten Sie als Nächstes, welche Energie hinter dem Wort »Hass« steckt. Versuchen Sie es nun mit »Verzweiflung« und »Bedauern«.
Während Sie immer noch an diesem Ort sitzen, experimentieren Sie jetzt mit den Begriffen, die Sie selbst häufig verwenden. Versuchen Sie, ein Gefühl dafür zu bekommen,

welche Energie Sie aussenden und wie sie auf das Energiefeld des Planeten und das Netz des Lebens wirkt. Achten Sie darauf, in welcher Form die ausgesendete Energie zurückkehrt und in welcher Gestalt sie sich in Ihrem Umfeld manifestiert. Machen Sie sich bewusst, welche Schwingungsenergie Sie in Ihrem Lebensgarten aussäen.

Fahren Sie mit dieser Übung fort und achten Sie darauf, ob sich an der Qualität der ausgesendeten Energie etwas ändert, wenn sich Ihre Motivation ändert. Wie fühlen Sie sich körperlich, wenn Sie die Worte »ich hasse dich« aussenden? Machen Sie sich bewusst, wie die Wirkung Ihrer Worte von den wahren Motiven dahinter abhängt.

Sie können diese Wortübung beliebig ausdehnen. Wenn Sie damit fertig sind, denken Sie noch ein wenig darüber nach, was Sie in dieser Lektion gelernt haben, und wie Sie Ihr neues Wissen dazu verwenden können, den Garten Ihres Lebens zu verschönern.

Wenn Sie so weit sind, machen Sie ein paar tiefe Atemzüge und spüren Sie, wie Sie in den Raum zurückkehren, in dem Sie sitzen oder liegen. Lassen Sie sich vom Atem wieder mit Ihrem Körper und der Erde verbinden. Wenn Sie so weit sind, machen Sie die Augen auf und seien Sie wieder ganz hier.

Diese Übung habe ich einmal während einer Konferenz mit Menschen, die in heilenden Berufen tätig sind, gemacht. Ich bat sie, sich auf die Schwingungsenergie der Worte zu konzentrieren, die sie gewöhnlich verwendeten, wenn sie ihren Klienten ihre Diagnose mitteilten. Die Übung hinterließ einen nachhaltigen Eindruck.

In unserer Kultur ist es nicht üblich, auf die Energie hinter unseren Gedanken und Gefühlen zu achten. Genauso wenig achten wir auf die Macht unserer Worte und welche Art von Samen wir damit in die Seele anderer Menschen säen.

Bei meiner Arbeit überlege ich sehr genau, welche Worte und Formulierungen ich in meinen Kursen bzw. gegenüber meinen Klienten gebrauche. Ich gehe dabei stets von der Frage aus: Pflanze ich Hoffnung, Liebe und Inspiration? Oder säe ich Angst und Furcht?

Diese Fragen sollten Sie sich nicht nur stellen, wenn Sie laut mit anderen sprechen, sondern auch im Hinblick auf Ihre inneren Selbstgespräche. Negative Geisteszustände können verlängert bzw. verstärkt werden, wenn Sie sich durch Selbstgespräche zusätzlich Energie rauben. Wenn Sie sich sagen, dass Sie ein schlechter Mensch oder Versager sind, dann werden Sie nur schwer Erfolg haben.

Füllen Sie Ihren Geist jedoch mit positiven Aussagen, wird deren Energie für positive Ergebnisse sorgen. Worte der Zuversicht schaffen Zuversicht.

Eine alte schamanische Heilungstechnik ist das so genannte »Besprechen« von Krankheiten. Der Schamane arbeitet dabei mit gezielt gewählten Formulierungen, die den inneren Ursachen der Krankheit entgegenwirken. Schamanen sind wahre Meister im Erzählen von Heilungsgeschichten, die den Glauben und das Vertrauen des Kranken in seine Genesung anregen und stärken.

Auch ich erzähle meinen Klienten immer wieder Geschichten von Menschen, die ihre Probleme erfolgreich gemeistert haben. Die positive Energie dieser Geschichten gibt ihnen den Mut, die nötigen Veränderungen in ihrem Leben anzupacken. Statt immer wieder alte Verletzungen durchzukauen, lenke ich ihr Augenmerk auf all die positiven Qualitäten, die sie im Laufe des Heilungsprozesses entwickelt haben. Natürlich erkenne ich dabei an, dass ein Klient schwere Zeiten hinter sich hat. Andererseits mache ich ihn oder sie darauf aufmerksam, welche neuen Qualitäten dabei entstanden sind. Vielleicht ist seine Fähigkeit zu lieben und zu vertrauen zurückgekehrt, vielleicht ist seine schöpferische Energie nun stärker. Die Betonung dieser Aspekte hilft dem Klienten, wieder Licht am Horizont zu sehen, und gibt ihm die Zuversicht, dass auch auf ihn wieder ein besseres, glücklicheres Leben wartet.

Auch heute noch gibt es genügend Ärzte und Psychologen, die sich meisterhaft auf die Kunst der »Wortmagie« und das Erzählen von Heilungsgeschichten verstehen. Der entscheidende Punkt ist, ob der Behandelnde seinem Klienten die Diagnose auf eine Weise mitteilt, die ihm seine Krankheit ausweglos erscheinen lässt, oder ob die Worte des Arztes beim Klienten die Hoffnung auf Heilung und Genesung wecken.

Von der Astrologin und Autorin Caroline Casey stammt mein Lieblingssatz: »Unsere Vorstellungskraft verlegt die Gleise, auf denen der Zug der Wirklichkeit einfährt.«

Wenn wir die Fähigkeit besitzen, die Welt, so wie wir sie uns wünschen, klar im Geiste zu visualisieren, dann haben wir meist auch die Gabe zu heilen und unser Umfeld positiv zu verändern. Vertreter von Politik und Religion können diese Kraft missbrauchen, sodass sich unter die Hoffnungen und Erwartungen ihrer Anhänger plötzlich auch Furcht mischt. Genauso gut könnten sie Menschen dazu bringen, sich durch ihre Vorstellungskraft unbegrenzte Möglichkeiten zu erträumen. All das ist möglich durch die Kraft der Worte.

Überlegen Sie, welche Begriffe die Energie ausdrücken, die Sie in Ihrem Leben stärken möchten. Machen Sie diese Begriffe zu einem festen Bestandteil Ihres täglichen Wortschatzes. Spüren Sie, wie Ihnen durch das laute Aussprechen dieser Affirmationen verstärkt positive, schöpferische Kraft zufließt.

Ich habe meinen Schreibtisch über und über mit kleinen Notizzetteln tapeziert. Dort habe ich die Begriffe festgehalten, die ich in die Welt entlassen möchte. Meine Favoriten sind:

Liebe, Freude, Licht, Magie, Wachstum, Ehrfurcht, Dankbarkeit und Glanz. Überall, wo ich in Gefahr geraten könnte, negativ zu reagieren, habe ich einen Notizzettel hinterlegt.

Auch auf mein Armaturenbrett im Auto habe ich solche Zettelchen geklebt, sozusagen als »Gegenzauber«, wenn der Verkehr hektisch ist, wenn ich in Eile bin und in einen Stau gerate oder wenn der aggressive Fahrstil der anderen Autofahrer mich aufregt. Wenn ich spüre, dass ich wieder in eines meiner alten Reaktionsmuster verfalle, schaue ich auf die kleinen gelben Zettel und erinnere mich daran, dass es bei mir liegt, ob und wie ich reagiere. Diese Worte erinnern mich daran, dass ich meine Gewohnheit, auf bestimmte Situationen automatisch mit Zorn zu reagieren, abstellen kann.

Einen großen Teil meiner Arbeit erledige ich telefonisch, und manchmal sind die Telefongespräche schwierig und voller Missverständnisse. Auch dabei hilft es mir, auf einen der Zettel zu schauen, um mich daran zu erinnern, dass ich die Wahl habe, wie ich auf die Energien aus meiner Umgebung reagiere, und dass meine Art der Reaktion die ganze Situation transformieren kann.

Wenn ich Konflikten mit einer Haltung aus Liebe und Frieden begegne, dann fließen diese Energien auch in die gespannte Situation ein und verändern diese ins Positive. Lasse ich mich jedoch auf den Konflikt ein und erzeuge bei meinem Gegenüber Gefühle von Machtlosigkeit und Zorn, dann wird die Atmosphäre zwischen uns ganz von diesen negativen Energien bestimmt.

Ein paar von meinen Schülern haben die Kraft der Worte bei geschäftlichen Besprechungen ausprobiert. Wenn das Besprechungsklima aggressiv und feindselig wurde, »konterten« sie mit positiven, ermutigenden Aussagen, die sofort die Energie im Raum veränderten. Der Punkt, den wir immer im Auge behalten sollten, ist, dass wir andere Menschen nicht ändern können, sehr wohl aber die Art, wie wir auf sie reagieren.

Unser Verhalten kann sowohl schwierige Situationen als auch uns selbst positiv beeinflussen.

Wie Sie die Macht der Affirmation nutzen

Worte haben, wie ich bereits sagte, eine ungeheure Kraft, die auch heilend wirken kann. Wenn wir mit der Magie der Worte arbeiten, gibt es einen Unterschied zwischen Bitte und Affirmation.

- Bitten wir um etwas, dann erflehen wir Hilfe und Beistand.
- Bei einer Affirmation hingegen handeln wir im Bewusstsein der eigenen Kraft und wissen, dass alle Hilfe, die wir brauchen, uns hier und jetzt zur Verfügung steht.

Manchmal ist uns einfach nach »bitte, bitte«. Das sollten wir einfach akzeptieren. Eine Bitte hört sich so an: »Bitte hilf mir. Ich fühle mich vollkommen machtlos.« Wir haben das Gefühl, am Boden zu liegen, und kommen aus eigener Kraft nicht mehr hoch. Lehnen Sie sich einen Moment zurück, um das unterschiedliche Schwingungsniveau von Bitte bzw. Affirmation zu erspüren.

Bitten werden so formuliert:

- Bitte gib mir Kraft.
- Bitte schenk mir deine Liebe.

Beispiele für positive Affirmationen:

- Ich bin Liebe.
- Die liebenden Arme meines Schöpfers umfangen mich. (Hier können Sie wahlweise jede Instanz Ihres Vertrauens

einsetzen, zum Beispiel das Universum, die Jungfrau Maria, Jesus, Gott, Buddha und so weiter.)
- Ich bin stark.
- Ich bin ganz.
- Ich bin eine feste Burg, die allen schädlichen Kräften widersteht.

Affirmationen helfen uns, Energien zu transformieren. Wir erkennen damit die Tatsache an, dass wir jetzt schon alles haben, was wir brauchen, um eine kritische Situation zu meistern.

Ich notiere meine Affirmationen gern auf Karteikarten. Dann kann ich sie jederzeit hervorholen, wenn ich Kraft und Inspiration brauche. Bei Besprechungen stecke ich oft eine dieser Karteikarten als materiellen »Helfergeist« zwischen die Seiten meines Notizbuchs. Für solche Situationen verwende ich bevorzugt Sätze wie die folgenden: »Ich benütze meine schöpferische Energie, um diesem Projekt eine positive, freudvolle Ausrichtung zu geben.« »Alle Hilfe, die ich brauche, steht mir jetzt zur Verfügung.« »Die Liebe des Universums hält und umfängt mich.«

Sätze, die – wie die eben zitierten – durch und durch mit positiver Energie aufgeladen sind, verändern den aktuellen Bewusstseinszustand. Wenn sich mein Bewusstsein wandelt, ändert sich auch meine energetische Präsenz. Diese wiederum beeinflusst das Energiefeld meiner Umgebung positiv.

Affirmationen sind ein ebenso kraftvolles wie wirksames Hilfsmittel, wenn ein uns nahe stehender Mensch leidet oder uns das durch Katastrophen verursachte Leid von Menschen oder Tieren sehr nahe geht. Gewöhnlich reagieren wir auf solche Situationen mit tiefem Bedauern, doch das kann dem Betreffenden die Kraft rauben, die er eigentlich bräuchte, um sein Problem zu lösen. Wir fahren damit sein energetisches Schwingungsfeld herunter.

Nehmen wir einmal an, bei einem Ihrer Bekannten wurde Krebs festgestellt. Verlegen Sie sich nun aufs Wehklagen und sagen sich: »Oje, der Ärmste!«, dann tun Sie ihm, energetisch gesehen, keinen Gefallen. Denken Sie aber bei sich: »Mein Freund ist eine starke Persönlichkeit. Er besitzt die Kraft und die nötigen Mittel, um mit der Krankheit fertig zu werden«, dann stützten und stärken Sie ihn energetisch.

Ich kenne Leute, die sich eher die Zunge abbeißen würden, als über ihre Probleme zu sprechen, und zwar nur, weil sie nicht bedauert werden wollen. So haben Freunde von mir sowie einige meiner Schüler schon Krebserkrankungen verschwiegen, weil sie befürchteten, dass die Verzweiflung, die ihre Erkrankung bei anderen hervorrufen könnte, sich auf energetischer Ebene negativ auf sie selbst und damit auf ihre Heilungsaussichten auswirken könnte.

In den Nachrichten im Fernsehen sehen wir fast täglich Berichte über Menschen, die infolge von Krieg oder Naturkatastrophen ihre Familie, ihre Freunde und alles Hab und Gut verloren haben. Es ist ganz natürlich, dass wir für diese leidenden Menschen Mitgefühl empfinden. Doch auch ihnen rauben wir Kraft, wenn wir ihnen mit Bedauern begegnen.

Wir stärken sie aber, wenn wir unsere Energie in eine positive Affirmation ummünzen. Sie könnten einen Satz formulieren wie: »Ich sehe und erkenne die Kraft und das Licht in diesen Menschen, die solch schwere Verluste erlitten haben.«

Das ist natürlich nur eine Anregung. Finden Sie eine Formulierung, die Ihre innere Überzeugung ausdrückt.

Ich möchte Ihnen diesen Zusammenhang noch einmal an einem anderen Beispiel verdeutlichen:

Nehmen wir an, Sie haben ein Problem, das Sie lösen müssen. Nehmen wir weiterhin an, Tausende von Menschen rund um den Globus wüssten von Ihrem Problem.

Würden Sie sich wünschen, dass all diese Menschen Ihnen gegenüberstünden und Ihnen ihr tiefstes Bedauern ausdrückten – mit Aussagen wie »Oh, Sie Ärmster. Was Sie durchmachen, ist wirklich entsetzlich«?

Fänden Sie es nicht auch besser, wenn die versammelten Masse wie aus einem Mund zu Ihnen sagen würde: »Ich weiß, dass du damit fertig wirst. Wir senden dir all unsere guten Wünsche«?

Wenn Sie das Gefühl haben, in ein tiefes Loch gefallen zu sein, dann können Worte der Ermutigung Sie wieder herausholen. Worte des Bedauerns hingegen stoßen Sie noch tiefer hinein.

Wir können andere Menschen mit unseren Worten aufrichten. Wir können ihnen energetisch den Rücken stärken und helfen, mit den diversen Schwierigkeiten, vor die das Leben sie stellt, fertig zu werden.

Dies tun wir mit der Macht der Affirmation, mit der wir unterstreichen, dass uns diese Kraft auch in schweren Zeiten stets zur Verfügung steht.

Finden Sie eigene Affirmationen

Nehmen Sie sich ein wenig Zeit, um für Sie passende Affirmationen zu finden. Nachfolgend noch ein paar Beispiele zur Anregung.

Wenn z. B. die alten Kelten in den Krieg zogen, beteten sie nicht: »Ihr Götter, eilt uns zur Hilfe!«, sondern schrieen lauthals: »Die Kraft der Sonne ist mit uns!« Damit zollten sie der Kraft, die sie umgab, ihre Anerkennung.

Lesen Sie die folgenden Zeilen laut vor. Welcher Text gibt Ihnen am ehesten das Gefühl von Stärke?

- Ein keltisches Gebet:
  Der tiefe Frieden der wogenden Wellen sei mir dir.
  Der tiefe Frieden der strömenden Luft sei mit dir.
  Der tiefe Frieden der stillen Erde sei mit dir.
  Der tiefe Frieden der leuchtenden Sterne sei mit dir.
  Der tiefe Frieden des Friedenssohnes sei mit dir.

- Diesen Text habe ich von einem meiner Kursteilnehmer als Geschenk erhalten:
  Die Macht des Wasserfalls sei dein.
  Die Reinheit des Wasserfalls sei dein.
  Die geistige Kraft des Wasserfalls sei dein.
  Seine Karte habe ich so auf meinen Schreibtisch gestellt, dass ich sie jeden Tag sehen kann.

- Der dritte Text stammt aus der christlichen Tradition:
  Das Licht Gottes umgibt mich.
  Die Liebe Gottes umhüllt mich.
  Die Macht Gottes beschützt mich.
  Die Gegenwart Gottes wacht über mir.
  Wo immer ich bin, ist Gott.

Ziehen Sie sich an einen ruhigen, inspirierenden Ort zurück, während Sie Ihre Affirmationen formulieren. Sie können dabei auch Musik hören. Oder Sie suchen sich einen ruhigen Ort in der freien Natur, wo die Kraft der Elemente Sie unterstützt.

Formulieren Sie dann Affirmationen für folgende Situationen:

- Die Nachrichten bringen einen Beitrag über die Opfer einer Naturkatastrophe. Formulieren Sie einen Satz, den Sie im Laufe des Tages wiederholen können, um den Betroffenen Kraft zu schenken. Zwei Beispiele: »Ich fühle eure

Stärke.« Oder: »Seid versichert, dass alle Menschen voller Liebe an euch denken.«

- Wenn ein Freund Sie anruft und Ihnen von seinen Problemen berichtet, können Sie zwischendurch immer wieder einen Satz wiederholen, der ihm auf energetischer Ebene die nötige Hilfestellung gibt. Zum Beispiel: »Du hast die Kraft, mit dieser Herausforderung fertig zu werden.« Oder: »Du bist voller Mut.«
- Denken Sie sich auch Affirmationen aus, die Ihnen selbst Kraft spenden.

Es gibt mehrere Möglichkeiten, mit Affirmationen zu arbeiten. Eine ist, sie im Laufe des Tages immer wieder laut oder still zu wiederholen, ähnlich, wie man ein Mantra rezitiert. Das Wort »Mantra« kommt aus dem Sanskrit. Die Silben, aus denen es zusammengesetzt ist, haben folgende Bedeutung: *Man* heißt »Geist«, *tra* »frei machen«. Ein Mantra setzt also einerseits die Macht des Wortes ein, um positive Erfahrungen in Ihrem Leben zu manifestieren, und anderseits um Ihren Geist zu befreien.

Niemand mag es, wenn man ihn bedauert. Niemandem hilft es, wenn man ihn bedauert. Betrachten wir hingegen den Menschen als göttliches Wesen, das alle Anlagen besitzt, sich aus dem Staub zu erheben und die Herausforderungen des Lebens zu meistern, dann hilft eine solche Sichtweise letztlich allen. Sie sorgt dafür, dass die Energie in schwierigen Situationen sich ins Positive verwandelt.

4. Kapitel
Praktische Techniken der Energiearbeit

Wie Sie durch Singen Ihre Stimmung verbessern

Singen ist ein Weg, die Kraft des Wortes mit der des Atems zu verbinden. Seit Jahrtausenden singen die Menschen, um seelisches und körperliches Wohlbefinden zu erzeugen und um sich energetisch in einen Zustand der Kraft zu versetzen. Wenn Sie mit echter Hingabe singen, werden Sie feststellen, dass Ihre Energie vom Kopf zum Herzen fließt. Die verstärkte Sauerstoffzufuhr vitalisiert den gesamten Körper.

Ich hoffe, es geht Ihnen nicht wie mir, denn man hat mir als Kind beigebracht, das Singen besser bleiben zu lassen. Ich habe mir damit einen Teil meiner Kraft nehmen lassen.

Dabei können Sie den Zustand Ihres Bewusstseins jederzeit durch das Singen eines inspirierenden Liedes verändern, ob Sie es nun selbst ersonnen oder irgendwo gelernt haben.

Ich lebe in Santa Fe, im US-amerikanischen Bundesstaat New Mexico, einem Ort, der unter zum Teil jahrelangen Dürreperioden leidet. Im Sommer steigt die Gefahr von Waldbränden und damit die nervliche Anspannung der Bevölkerung, natürlich auch meine. Ich muss mit der Tatsache leben, dass mein Haus jederzeit in Flammen aufgehen kann. Ich wende alle hier beschriebenen Techniken an, um die

Energie der Angst, die mich jeden Sommer erfasst, umzuwandeln.

Eines frühen Junimorgens hörte ich im Wetterbericht, dass es sehr heiß werden würde. Ein paar meiner Pflanzen litten stark unter der extremen Trockenheit – also eilte ich in den Garten, um sie zu gießen. Draußen sah ich, dass der Himmel voller Rauch stand, ganz offensichtlich brannte es irgendwo in der Nähe. Meine altbekannten Ängste meldeten sich zurück und ergriffen energetisch Besitz von mir.

Beim Gießen erkannte ich plötzlich, dass ich meine Pflanzen, die ohnehin schon litten, mit der Energie der Furcht nährte. Der Geruch von Rauch und die Rauchwolken am Himmel hatten mir Angst gemacht. Sofort beschloss ich, diese Reaktion zu stoppen, denn schließlich wollte ich meinen Garten mit Liebe nähren, nicht mit Panik.

Also begann ich ein Lied zu singen, das ich bei einem Workshop gelernt hatte. Bei diesem Kurs hatten wir daran gearbeitet, wie man sein Herz öffnet und sich ganz der Energie von Licht und Liebe hingibt. Die ersten Töne, die ich von mir gab, klangen recht jämmerlich, da ich versuchte, etwas zu erzwingen, das nicht meinem tatsächlichen Empfinden entsprach. Aber ich ließ mich nicht entmutigen, weil ich wusste, dass mein Singen körperlich und seelisch eine Wandlung herbeiführen würde. Also sang ich und alle Angst fiel von mir ab. Energetisch hatte ich mich in einen Zustand der Hingabe versetzt. Es war mein erklärter Wille, in dieser Situation mit meinen Pflanzen Licht und Liebe zu teilen.

Als ich meine Pflanzen gegossen hatte, ging ich ins Haus zurück, um etwas zu holen. Auf dem Rückweg in den Garten sang ich noch immer leise mein Lied, denn ich wollte weiter in diesem Zustand der Offenheit bleiben. Ein Kaninchen war in den Garten gehoppelt, das mümmelnd im Gras saß. Als ich an ihm vorüberging, beobachtete es mich, schien sich aber nicht zu fürchten. Nachdem es mich vorsichtig beäugt hatte, fraß es ruhig weiter. Für mich war dies ein Zeichen, dass sich meine energetische Verfassung tatsächlich gewandelt hatte. Normalerweise ergreifen die Kaninchen, die in meinen Garten kommen, blitzartig die Flucht, sobald sie einen Menschen wahrnehmen. Dass dieses Tier ruhig sitzen blieb, während ich an ihm vorbeiging, zeigt, dass mein Energiefeld frei von Angst war. Wenn es uns wirklich gelingt, unsere innere Energie zu verändern, wirkt sich diese Veränderung auf alles Leben aus.

Gibt es ein Lied, das Sie besonders gern haben? Es sollte ein Lied sein, dessen Rhythmus, Melodie und Text Sie inspiriert. Wählen Sie ein Lied, das Ihren Körper energetisiert. Singen Sie es laut, wenn Sie allein sind, um sich in einen höheren Bewusstseinszustand zu versetzen. Summen Sie es leise, wenn Sie unter Menschen sind. Fühlen Sie, wie Ihre Umgebung Ihnen die Energie von Licht und Liebe, die aus Ihrem Lied spricht, zurückspiegelt. Alle Formen des Lebens, seien es Blumen, Bäume, Tiere oder Menschen, mögen es, wenn man ihnen vorsingt. Musik hat heilende Kräfte.

Unbeteiligtes Beobachten als spirituelle Übung

Haben Sie schon einmal darauf geachtet, wie Sie innerlich ruhig werden, wenn Sie in einer schönen Landschaft sind und den Blick einfach ins Weite schweifen lassen? Das reine Betrachten der Landschaft holt uns aus der ständigen Beschäftigung mit der Vergangenheit zurück in die Gegenwart.

Unbeteiligtes Beobachten ist eine spirituelle Übung, die den Zustand unseres Bewusstseins verändert. Diese Einsicht deckt sich mit einer These der modernen Physik, derzufolge der Beobachter allein durch den Vorgang des Beobachtens den Gegenstand der Beobachtung verändert. Hier überschneiden sich Erkenntnisse der modernen Physik mit uralten Erfahrungen traditioneller Meditationstechniken.

Wenn wir zornig sind und unseren Zorn einfach registrieren, ohne ihn verändern zu wollen, dann verändert sich unsere Energie. Dies ist eine Tatsache, die jedem, der im therapeutischen Bereich oder mit Meditation Erfahrung hat, bekannt ist.

Beobachtet man Bakterien unter dem Mikroskop, dann verändern sie ihr Bewegungsmuster allein aufgrund der Tatsache, dass ein Wissenschaftler den Blick auf sie richtet. Physiker haben entdeckt, dass ein Elektron sich entweder als Teilchen oder Welle präsentiert, je nachdem, welchen Standpunkt der Beobachter einnimmt.

Manchmal reagiere ich so heftig auf eine bestimmte Äußerung bzw. Situation, dass meine übliche Methode, die Energie hinter meinen Gedanken und Gefühlen zu verwandeln, nicht mehr funktioniert, und wenn ich noch so viel Willenskraft investiere, um aus einem negativen Gedanken einen positiven zu machen. Sie kennen sicher auch solche Situationen, in denen Sie sich festgebissen haben. Gelingt es mir jedoch, meinen aktuellen Gedanken oder Gefühlen gegenüber die Position des reinen Beobachters einzunehmen, so verändern sich diese allmählich. Kämpfe ich dagegen gegen negative Gedanken oder Gefühle an in dem Glauben, sie nicht haben zu dürfen, dann gieße ich erst recht Öl ins Feuer. Bestimmten Geisteszuständen Widerstand entgegenzusetzen, verstärkt sie nur. Nehme ich die Rolle des Beobachters ein, der nicht versucht, Gedanken oder Gefühle zu beeinflussen, dann erkenne ich die Energie darin. Dies ist der Augenblick, in dem die Umwandlung stattfindet.

Ich arbeite häufig mit der Instanz des »Beobachters«. In schwierigen Situationen spricht er zu mir und sagt etwa: »Nun gut, du fürchtest dich. Aber das ist doch nicht weiter tragisch. Nimm das Gefühl einfach hin.« Mein Beobachter hat sich stets als wertvoller Helfer erwiesen, wenn ich einen negativen Gefühlszustand durcharbeiten musste.

In Situationen, in denen ich mein negatives Reaktionsmuster nicht stoppen kann, wiederhole ich für mich folgende Sätze: »Ich bin jetzt wütend, und ich muss diese Wut im Augenblick durchleben. Ich bitte darum, dass die Energie dieser Wut sich in Licht und Liebe verwandelt. Ich bitte darum, dass niemand, auch ich nicht, von meiner Wut verletzt wird, während ich an diesem Zustand arbeite.« Das hört sich für den ein oder anderen ein wenig übertrieben an. Doch letztlich dauert es nur wenige Sekunden, um diese Worte zu sprechen, die auf der energetischen Ebene eine tiefe Wandlung bewirken. Auf diese Weise können mein Geist und meine Emotionen »sich ausleben«, während gleichzeitig meine Umwelt und ich selbst vor den negativen Energien sicher sind.

Wenn ich in ein negatives Reaktionsmuster verfalle, frage ich mich als Erstes, wem ich diese Energie schicke. Diese Art der Selbstbefragung hilft mir, darum zu bitten, dass diese negative Energie sich in Licht und Liebe wandeln möge, sodass ich niemandem Schaden zufüge. Die negative Energie wirkt sich nämlich auch schädlich auf meinen Körper aus. Daher formuliere ich eine Affirmation, die zum Ausdruck bringt, dass das Universum mich liebevoll umfängt, während ich meinen »negativ belasteten« Bewusstseinszustand in »goldenes Licht« verwandle.

Wie bereits erwähnt fordert das Werk der inneren Transformation, das wir uns vorgenommen haben, von uns Achtsamkeit im Hinblick auf unsere gewohnten Reaktionen. Wir müssen uns zur Gewohnheit machen, eingefahrene Reaktionsmuster zu durchbrechen und die Energie, die wir aussenden, ins Positive umzuwandeln. Lohn unserer Anstrengungen wird sein, dass wir in uns einen Ort der Liebe und des Friedens finden. Die Einsicht, dass wir Wesen aus Licht sind und dieses Licht aussenden, ist das schönste Geschenk, das wir der Welt und uns selbst machen können.

Dies sind die Stationen auf unserem Weg: Annehmen, Erkennen und Beobachten. Am Ende des Weges stehen Wandel, Heilung und Wachstum.

»Ich bin weder mein Körper noch meine Gedanken, noch meine Gefühle«

Der italienische Psychiater Roberto Assagioli war ein Zeitgenosse Sigmund Freuds und ein ungewöhnlicher Arzt. Er vertrat die Ansicht, dass wir Menschen von Natur aus ganz und vollkommen seien und die Rolle des Therapeuten einzig darin bestünde, dem Klienten zu helfen, das Wissen um seine Vollkommenheit wiederzuerlangen. Er ist der Schöpfer einer Therapieform, die den Namen »Psychosynthese« trägt. Diese Therapie arbeitet mit so genannten »gelenkten Visualisierungen«, die den Klienten in Kontakt mit seinem inneren Wissen bringen.

Eine der von ihm entwickelten Techniken, die so genannte »Des-Identifikation«, zielt darauf ab, dass man einen Schritt vom gegenwärtigen Erleben zurücktritt und den spirituellen Teil seiner selbst erfährt, der vollkommen und unzerstörbar ist.

Wie anfangs erläutert reden wir hier von Körper, Geist und Seele. Was wir als Seele bezeichnen, ist der Teil von uns, der jenseits unseres Körpers, unserer Gedanken oder unserer Lebenserfahrungen existiert. Dieser Teil unseres Selbst ist unsichtbar, ist reines spirituelles Licht und seit jeher von göttlicher Vollkommenheit.

Die Technik der Des-Identifikation, die Roberto Assagioli lehrt, führt uns über mehrere Schritte zu ebenjener Erfahrung. Eine leicht abgewandelte Form finden Sie in meinem Buch *Heilung für Mutter Erde*.

Ich arbeite mit dieser Technik seit 1982 und habe sie seitdem vielen meiner Klienten beigebracht. Ich wende eine Kurzform dieser Übung als seelische Erste-Hilfe-Maßnahme an, wenn ich spüre, dass sich ein negatives Gefühl entwickelt. In solchen Fällen sage ich mir immer wieder vor:

Ich habe einen Körper, aber ich bin nicht mein Körper.
Ich habe Gedanken, aber ich bin nicht meine Gedanken.
Ich habe Gefühle, aber ich bin nicht meine Gefühle.

Ich verwende diese Sätze z. B. beim Autofahren wie eine Zauberformel. Sie haben mir schon oft geholfen, mich von negativen Gefühlen zu lösen. Sie erinnern mich daran, dass ich so viel mehr bin als dieses kleine Ich, mit dem ich mich gerade im Übermaß identifiziere. Und daran, dass es im Leben etwas Wunderbares gibt, nämlich eine sich nie erschöpfende Quelle positiver Energie.

Wenn ich mich aus einem negativen Bewusstseinszustand lösen kann, gewinne ich den nötigen Raum, um die Herzatmung praktizieren zu können und meiner Wertschätzung für das kostbare Gut des Lebens Ausdruck zu verleihen.

Nehmen Sie sich ein paar Minuten Zeit, um darüber nachzudenken, in welchen Situationen Sie diese Übung für sich sinnvoll einsetzen könnten.

Wie Sie mit Symbolen und Bildern arbeiten können

In Kapitel 2 habe ich Ihnen bereits gezeigt, wie Sie eingeschliffene, automatische Verhaltensmuster ändern können. Das will ich hier vertiefen. Bilder und Symbole können uns zudem helfen, bewusst und überlegt zu handeln.

Der große Schweizer Psychologe C.G. Jung meinte, dass Symbole die Sprache des Unbewussten sind. Sie können den Wandel in uns fördern. Anders ausgedrückt bedeutet das: Wenn wir über ein bestimmtes Symbol meditieren, setzt in den tieferen Schichten unseres Wesens ein Prozess der Wandlung ein, für den es keine rationale Erklärung gibt. Die Farben, die Art der Ausführung oder der Inhalt eines Symbols bzw. eines Bildes können unser Bewusstsein in einer ähnlichen Art und Weise verändern wie ein Lied. Meist fördert bereits die Schönheit und Farbenpracht eines Bildes bzw. Symbols unser Wohlbefinden.

Bringen Sie ein ausgewähltes Bild oder Symbol an einer Stelle an, an der es Ihnen ständig ins Auge fällt. So wird es Sie daran erinnern, innezuhalten und auf entsprechende Reize nicht zu reagieren. In meinem Büro habe ich viele Bilder und Symbole aufgehängt, damit ich in der Hektik des Alltags meinen Wunsch nicht vergesse, einen Ort der Heilung für mich und alle Wesen zu schaffen – hier, in meinem Arbeitszimmer, und draußen in der Welt. Aus diesem Grund habe ich Fotos von verschiedenen spirituellen Lehrern, die die Bedeutung von Liebe und Mitgefühl lehren, aufgestellt.

Ich habe ein Bild gemalt, das das Licht meiner Seele darstellt. Es erinnert mich daran, wer ich in Wirklichkeit bin. Naturaufnahmen von Blumen, Bäumen und Sternen helfen mir, in meiner Beziehung zu allem Leben zentriert zu bleiben. Sie mahnen mich, dass die Energie, die ich ausstrahle, auf alles Leben Auswirkungen hat.

Hängen Sie inspirierende Bilder besonders an solchen Orten auf, wo Sie leicht in Gefahr geraten, in negative Gedanken und Gefühle zu verfallen. Hängen Sie Bilder auf, die Sie zum Lachen bringen, die Ihnen Freude bereiten, Bilder von lieben Menschen, schönen Landschaften, Orten, die Sie besuchen möchten. Umgeben Sie sich mit Symbolen wie Herz, Mond, Sonne, Erde, Sterne. Sie können auch Ihre Lieblingsblumen nehmen. Ihrer Fantasie sind hier keine Grenzen gesetzt. So werden Sie immer wieder an die Schönheit und an die unendliche Kostbarkeit des Lebens erinnert und können Ihren negativen Gedanken und Gefühlen Einhalt gebieten.

Die Natur heilt uns

Wir sind Teil der Natur. Die Mondphasen beeinflussen uns ebenso wie der Wechsel der Jahreszeiten. Die indigenen Kulturen sind der Ansicht, dass die Erde einen Herzschlag besitzt und wir mit ihm eins sind.

Unsere Kultur ist technisch so hoch entwickelt, dass unser Leben längst abgekoppelt ist von den Zyklen der Natur. Morgens reißt uns der Radiowecker aus dem Schlaf, wo uns früher das erste Licht der Sonne weckte. Da wir elektrisches Licht haben, folgt unser Schlafrhythmus nicht mehr dem natürlichen Sonnentag. Unsere Häuser verhindern, dass wir im Einklang mit dem Wechsel der Jahreszeiten leben. Heizung und Klimaanlage haben ermöglicht, dass wir von unserer Umgebung unabhängig sind. Wenn wir wissen wollen, wann der Frühling kommt, werfen wir einen Blick auf den Kalender, statt auf die Veränderungen der Natur zu achten. Was ich sagen will, ist, dass unser Aktivitäts- und Ruhezyklus nicht mehr mit den Rhythmen der Natur harmoniert. Und so haben wir die Einheit mit dem Herzschlag der Erde aufgegeben.

Irene ist Allergologin. Ihre Klienten leiden in erster Linie unter umweltbedingten Allergien. Sie ist nicht nur eine erstklassige Ärztin, sondern hat auch eine besondere intuitive Begabung.

Es ist nun schon ein paar Jahre her, dass Jennifer in ihre Sprechstunde kam. Wenige Monate vor diesem Besuch hatte sie bei einem Autounfall eine Kopfverletzung erlitten. In der Folge verschlechterte sich ihre Gesundheit zusehends und sie hatte mit zahlreichen Beschwerden zu kämpfen, darunter extreme Angstzustände und umweltbedingte Allergien. Sie wurde arbeitsunfähig und war gezwungen, all ihre Ersparnisse aufzubrauchen. Da drängten ihre Freunde sie, einen Termin mit Irene zu vereinbaren.

Irene nahm ihre Krankengeschichte auf und machte einige Therapievorschläge. Jennifer gestand Irene, dass sie sich all das nicht leisten könne, weil sie kein Geld habe. Irene wollte ihr dennoch helfen, also setzte sie sich einige Minuten lang still hin in der Hoffnung, dass ihre Intuition ihr schon den richtigen Weg weisen würde. Plötzlich hatte sie eine Idee. Sie bat Jennifer, sich in eine Hütte in den Bergen zu begeben. Dort solle sie leben, und sich Tag für Tag auf die Erde legen, egal ob es schneie, regne oder die Sonne scheine. Dies solle sie tun, bis sie wieder ganz gesund sei.

Zuerst glaubte Jennifer, Irene sei nicht ganz richtig im Kopf. Dann aber fand sie eine Berghütte, deren Besitzer jemanden suchte, der, solange er fort war, auf diese Hütte aufpasste.

Ungefähr ein Jahr nach diesem Behandlungsgespräch war Irene auf eine Party eingeladen. Da kam eine strahlende Frau auf sie zu und fing an, mit ihr zu sprechen, als sei sie eine ihrer ältesten Freundinnen. Verblüfft fragte Irene: »Kennen wir uns denn?« Nun, die Frau war niemand anders als Jennifer. Sie hatte Irenes Anweisungen genauestens befolgt. Sie habe sich, so erzählte sie, jeden Tag in warme Kleider eingepackt und auf die Erde gelegt. Die Behandlung hatte funktioniert – ohne jeden Zweifel.

Immer wieder stoßen wir auf Geschichten von Menschen, die unter allen möglichen Krankheiten litten, sich in die Natur zurückzogen und dort lebten, bis sie geheilt waren.

Dabei fällt mir wieder unser Beispiel mit den Fingern ein, die keine vom übrigen Körper unabhängige Existenz zu führen vermögen. Wir alle sind Teile eines größeren Ganzen.

Halten wir uns aber für autonome Finger, nehmen wir uns die Möglichkeit, ein harmonisches Leben im Einklang mit den Zyklen der Natur zu führen. Wir schneiden uns ab vom freien Fluss der Energie, die Erde, Wasser, Luft und Sonnenlicht (Feuer) uns spenden. Wir glauben, von der Natur unabhängig zu sein. Doch damit liegen wir falsch.

»Kohärenz« ist ein Begriff aus der Physik. »Kohärenz« bedeutet, dass die Teile eines Ganzen harmonisch zusammenspielen wie Musiker bei einer wunderbaren Symphonie. Die einzelnen Stimmen sind in vollendeter Harmonie aufeinander abgestimmt, und daraus ergibt sich der wunderbare Klang.

Sind wir im Zustand innerer Harmonie, so spüren wir im Körper unsere Verbindung mit der Natur, mit dem Netz des Lebens, unserem spirituellen Licht. Das ist der Zustand der Kohärenz, in dem all unsere Zellen im schönsten Einklang miteinander kommunizieren wie die Stimmen unserer Symphonie. Erleben wir uns als getrennt vom Ganzen, z.B. wenn wir unter Stress stehen oder uns aus einer für uns belastenden Situation nicht befreien können, dann bricht die Kommunikation zwischen den Zellen zusammen – und es kommt zur Erkrankung.

Die heilende Kraft des Wassers

Lesen Sie sich zunächst den Text der folgenden Visualisierungsübung durch. Schließen Sie dann die Augen und denken Sie voll Dankbarkeit über die Heilkraft des Wassers nach.

Bevor Sie auf dieser wunderbaren Erde geboren wurden, waren Sie nur ein kleiner Funken Licht, eine Seele, die sich zu einem neuen Abenteuer in Form einer menschlichen Existenz auf diesem Planeten aufmachte. Hier sollen Sie lernen, als Geistwesen, das in einer körperlichen Hülle lebt, Schönheit zu manifestieren und für diesen wunderbaren Planeten Verantwortung zu übernehmen.

Sie sind in den Leib Ihrer Mutter eingegangen. Während Sie dort heranwuchsen, hat das Element Wasser Sie umfangen und vor jeglicher Verletzung geschützt. Das Wasser hat Sie mit den Nährstoffen Ihrer Mutter versorgt. Als das Wasser sich zurückzog, sind Sie in diese Welt gekommen. Wasser nährt Sie auch jetzt noch. Der größte Teil unseres Körpers ist Wasser. Das Wasser, das Sie trinken, und das Wasser, das vom Himmel fällt, nährt und reinigt Sie. Sie fühlen sich von Frieden und Stille erfüllt, wenn Sie an einem großen Wasser stehen, Sie lieben das Geräusch der Wellen in der Brandung, das Rauschen der Flüsse. Das Wasser erinnert Sie bei jeder Begegnung daran, dass unser Leben Bewegung und Wandel ist.

Wenn Sie das Gefühl haben, Energien, die Sie ausstrahlen oder die Ihnen von anderen geschickt wurden, transformieren bzw. reinigen zu müssen, dann können Sie das mit der lebendigen Kraft des Wassers tun. Aber bitte entsorgen Sie nicht einfach Ihre negative Energie in dieses wunderbare lebende Element wie auf einer Müllkippe. Fühlen Sie, wie Sie diese Energie gehen lassen und wie sie sich dabei in Licht verwandelt, während sie mit dem Wasser zurück zum Ursprung reist.

Sie können sich beim Händewaschen, Baden oder Duschen vorstellen, wie diese negative Energie Sie verlässt und sich in Licht verwandelt. Auch ein Regentag ist hierfür eine gute Gelegenheit. Diese Beispiele mögen Ihnen als Anregung dienen, Ihre eigenen Techniken zu entwickeln, um mit der heilenden Energie des Wassers zu arbeiten.

Die reinigende Kraft der Luft

Machen Sie sich die Gaben bewusst, die das Element Luft Ihnen schenkt. Lesen Sie folgende Visualisierung und danken Sie der reinigenden Kraft der Luft:

Gewöhnlich heißt es, das erste Wesen, zu dem wir nach unserer Geburt eine Beziehung aufnehmen, sei unsere Mutter. Doch das erste lebende Wesen, mit dem wir Verbindung aufnehmen, ist die Luft, die uns umgibt. Denn Ihr Leben hat mit Ihrem ersten Atemzug begonnen. Und mit jedem Atemzug erneuern Sie die innige Beziehung zu diesem Element.

Niemand lehrt uns besser als die Luft, dass wir alle miteinander verbunden sind. Mit jedem Atemzug stoßen Sie etwas von Ihrer DNA aus, die ein anderer einatmet. So sind Sie durch Ihren Atem stets mit allem Leben verbunden.

Die Luft ist das letzte lebende Wesen, dem Sie Lebewohl sagen, wenn Sie Ihren Körper und diese wunderbare Welt verlassen.

Luft schenkt uns Leben. Sie hilft uns dabei, Energien, die wir in Licht verwandeln möchten, freizusetzen und zu reinigen. Wenn Sie negative Energie transformieren wollen, können Sie mit der Luftblasentechnik arbeiten. Dabei visualisieren Sie, wie sich Ihre negative Energie in Licht verwandelt, das von Luftblasen in die Welt getragen wird.

Lassen Sie sich in freier Natur vom Wind umwehen, damit er Sie von negativer Energie reinigt, die Sie aussenden oder von anderen abbekommen haben. Achten Sie auch hier wieder darauf, dass alles, was Sie dem Wind an Negativem übergeben, zuvor in die Energie von Licht und Liebe getaucht worden ist.

Die Kraft der Erde, die uns trägt

Spüren Sie die Kraft der Erde und huldigen Sie ihrer Schönheit. Visualisieren Sie die reichen Gaben, die die Erde uns schenkt:

> Seitdem Sie durch Ihre Geburt in einem menschlichen Körper wohnen, sind Sie mit diesem großartigen lebendigen Organismus namens Erde verbunden. Die Erde trägt und hält Sie, während Sie wachsen und auf ihr leben. Jeder Schritt, den Sie machen, bringt Sie in Berührung mit dieser wunderbaren Lebenskraft.
> Die Erde versorgt Ihren Leib mit einem unglaublichen Überfluss an Nahrung. Sie nährt Ihre Seele mit der außergewöhnlichen Schönheit ihrer selbst und des Lebens, dem sie Heimat gibt. Ehrfurcht erfüllt Sie beim Anblick von Edelsteinen in allen Farben, blühenden Blumen, lieblichen Bäumen und all der anderen Lebensformen, die diese Erde bevölkern.

Die Erde hält und trägt Sie voll Liebe. Wenn Sie merken, dass Sie sich von negativen Energien reinigen müssen, können Sie diese in der Erde vergraben. Tun Sie dies jedoch dankbaren Herzens und bitten Sie, dass diese Energie in Licht und Liebe verwandelt werden möge. Wenn Sie auf diese Weise Licht und Liebe säen, wird die Erde Sie und alle Wesen weiterhin nähren.

Die verwandelnde Kraft des Feuers

Machen Sie sich bewusst, wie die Energie des Feuers neue Lebenskraft in unser Dasein bringt. Wenn Sie die folgende Visualisierung gelesen haben, nehmen Sie sich einen Moment Zeit und danken Sie für die Kraft, die die Sonne mit Ihnen teilt:

> Als Kind wurden Sie allmählich größer. Bald durften Sie hinaus zum Spielen. Dabei hat die Sonne, das Element Feuer, Sie mit ihrer Energie aufgeladen. Die Sonne scheint in Ihrem Innern, und diese innere Sonne ist Ihr Geist. Die Sonne scheint auf uns herab und spendet ihre Energie al-

lem, was lebt, ohne irgendeine Gegenleistung zu erwarten. Ohne Sonne gäbe es kein Leben. Und überall auf der Erde bedankt die Menschheit sich seit Jahrtausenden allmorgendlich dafür, dass die Sonne zurückgekehrt ist.

Die Sonne erinnert Sie daran, dass das Leben lebenswert ist. Die Strahlen der Sonne sind die Energiequelle, die alles Leben nährt, so wie das Strahlen Ihrer inneren Sonne Sie mit schöpferischer Energie erfüllt.

Die zerstörerische Kraft des Feuers lehrt uns die Zyklen von Leben und Tod. Das Feuer verzehrt, was ausgemerzt werden muss. Das Feuer bringt neues Leben, denn die Samen, die in der Erde ruhen, brauchen die Hitze des Feuers, um keimen und in Schönheit erblühen zu können.

Das Feuer lehrt uns die Gesetze der Wandlung und Erneuerung, den ewigen Kreislauf von Tod und Wiedergeburt.

Um eigene oder fremde negative Energie zu verwandeln, können Sie mit der Kraft der Sonne arbeiten. Visualisieren Sie, wie die negative Energie in den Flammen eines Freudenfeuers aufgeht und verwandelt wird. Es ist die Natur des Feuers, Energie umzuwandeln. Wenn ich mit der Kraft des Feuers Energien transformieren will, singe ich eine leicht abgewandelte Zeile aus einem Lied, das mir die indianische Lehrerin Brooke Medicine Eagle beigebracht hat. Hier der Text:

Fire, Fire, raising higher
Fire, Fire, transforming me.

Feuer, Feuer, erhebe dich,
Feuer, Feuer, erneuere mich.

Dabei stelle ich mir vor, wie ich mit der Energie, die ich in Licht und Liebe transformieren möchte, mein Feuer schüre. Diese Methode hat bisher immer funktioniert.

Ich hoffe, die Lektüre dieses Kapitels hat in Ihnen ein Gefühl der Dankbarkeit für die Gaben der Natur und deren Fähigkeit, unser Leiden zu lindern, hervorgerufen. Wenn Sie jetzt ein wenig Zeit haben, machen Sie einen Spaziergang. Spüren Sie dabei in sich, wie Sie mit der Natur und den Zyklen des Lebens verbunden sind.

5. Kapitel
Projektionen erkennen und überwinden

Unsere Persönlichkeit setzt sich aus vielen Teilen zusammen. Sie gleicht den Facetten eines schillernden Brillanten: Eltern, Geschwister, Verwandte, Freunde und Lehrer haben unseren Charakter geprägt, und das Schicksal und die vielfältigen Erfahrungen haben uns geformt.

Manche Seiten unserer Persönlichkeit zeigen wir nach außen, andere haben wir an geheimen Orten sorgfältig verborgen.
Die meisten Menschen stellen ihr inneres Licht unter den Scheffel, weil man ihnen eingeredet hat, dass man sie nicht lieben würde, wenn sie dieses Licht erstrahlen lassen. Viele Menschen verbergen Seiten von sich, weil sie sie mit erfahrenen Frustrationen in Verbindung bringen oder mit Ereignissen, die Angst, Trauer oder Wut auslösen.
Ein Blick in den Spiegel enthüllt uns diese verdrängten Aspekte natürlich nicht. Doch sobald wir eine andere Person treffen, die eine unserer verborgenen Seiten auslebt, kann dies bei uns heftige Reaktionen auslösen. Wir projizieren jene Eigenschaften, die verborgen in unserer Psyche ruhen, auf den anderen Menschen. Wir müssen diesen Personen nicht einmal begegnen. Es genügt schon, wenn wir sie im Fernsehen sehen oder in der Zeitung über sie lesen.

Wir Menschen neigen dazu, anderen für das, was wir denken, fühlen, glauben oder tun, die Schuld in die Schuhe zu schieben. Gleichzeitig verehren wir unsere Idole und erkennen nicht, dass wir über genau dieselben Gaben und Talente verfügen. Die Art des Ausdrucks mag eine andere sein, doch besitzen wir alle die gleichen Gaben. Nach demselben Schema projizieren wir im Übrigen auch unser Bedauern auf Menschen, von denen wir glauben, dass es ihnen irgendwie schlecht geht.

Wenn Sie zum Beispiel ein besonderes Talent an jemandem bewundern, dann bedeutet das im Grunde, dass Sie selbst auch dieses Talent besitzen, sich aber bis jetzt nicht erlaubt haben, es auszudrücken. »Hassen« Sie dagegen einen bestimmten Wesenszug an einer Person, dann ist das ein Indiz, dass dieser Wesenszug ebenfalls verborgen in Ihrem Inneren liegt. Alles was wir an anderen wahrnehmen, ist immer auch Teil unser selbst.

Die eigenen Projektionen unter die Lupe nehmen

Versuchen Sie folgende Übung. Nehmen Sie einen Notizblock und suchen Sie sich ein Plätzchen in der freien Natur. Natürlich können Sie die Übung auch zu Hause machen, wenn Sie dort ungestört sind. Schreiben Sie die Namen von zwei Menschen auf, die Sie leidenschaftlich bewundern. Schreiben Sie auf, welche besonderen Eigenschaften an diesen Menschen Sie inspirieren.

Als Nächstes schreiben Sie eine kurze Geschichte darüber, wie Sie diese Eigenschaften in sich selbst begraben haben. Schreiben Sie schnell und ohne lange nachzudenken. So erschließen Sie sich den Weg zu den verborgenen Winkeln Ihres Unbewussten. Schreiben Sie mit geschlossen Augen. Sollten Sie damit Schwierigkeiten haben, öffnen Sie die

Augen nur einen Spalt breit. Hier geht es nicht um kalligrafische oder literarische Qualitäten. Schreiben Sie vielmehr einfach drauflos. Lassen Sie Ihren Stift ohne bewusste Anstrengung und ohne Nachdenken laufen.

In der Folge machen Sie dieselbe Übung mit zwei Personen, die Sie nicht mögen und froh sind, nicht so zu sein wie sie. Schreiben Sie auf, was an diesen Leuten Sie auf die Palme bringt. Auf welches Verhalten dieser Menschen reagieren Sie besonders?

Dann atmen Sie ein paar Mal tief ein und aus, bevor Sie sich daranmachen, eine kurze Geschichte darüber zu verfassen, in welcher Form sich diese Eigenschaften auch in Ihnen finden, selbst wenn Sie sie bisher geschickt vor dem Blick anderer verborgen haben. Kritisieren Sie nicht, was Sie schreiben. Lassen Sie einfach an die Oberfläche kommen, was an die Oberfläche kommen will.

Wenn wir unsere Projektionen als Projektionen erkennen und die bisher verborgenen Seiten unser selbst erfahren, hören wir auf, so viel Energie auf die Beschäftigung mit anderen zu verschwenden. Wir nehmen jene Aspekte von uns an, die noch verborgen in uns liegen. Wir Menschen sind hier, um zu lernen, zu wachsen und uns zu entwickeln. Wir sind hier, weil es unsere Aufgabe ist, aus den in der Tiefe verborgenen Aspekten unser selbst ein Bild von Schönheit, Licht und Liebe zu formen.

Der nächste Lernschritt besteht darin, Menschen, die bisher negative Reaktionen in uns ausgelöst haben, von nun an konsequent mit Mitgefühl zu begegnen. Mitgefühl ist nicht mit sentimentalem Bedauern zu verwechseln. Bedauern würde die Energie des anderen verringern und ihm seine Entwicklungsmöglichkeiten nehmen. Ebenso wenig wollen wir negatives Verhalten mit pseudopsychologischen Erklärungen entschuldigen. Schließlich haben wir immer die Wahl, wenn es darum geht, wie wir auf Verletzungen und negative Erfahrungen reagieren wollen.

Doch möglicherweise hat dieses göttliche Wesen sein inneres Licht vergessen und bis jetzt keine Mittel und Wege gefunden, seine Traumata zu verarbeiten und die Erinnerung an das innere Licht wiederzuerlangen.

Wenn Sie diesem Menschen ein echtes Gefühl der Liebe und Wertschätzung gegenüber entwickeln, werden Sie merken, wie sich das energetische Muster der Situation verändert. Eine Haltung echter Liebe und Wertschätzung gegenüber jedem lebenden Wesen einzunehmen, ist das mächtigste Werkzeug der Wandlung überhaupt.

Neid und Eifersucht als Projektionen

Wir vergleichen uns ständig mit anderen. Nicht selten finden wir dabei heraus, das jemand anders ein besseres Leben, eine glücklichere Ehe und/oder mehr beruflichen Erfolg hat als wir. Die Wahrheit ist: All das ist reine Projektion.

Es kommt zu Projektionen, weil wir meist eine verzerrte Selbstwahrnehmung haben. Wir sehen nicht, wer wir sind und was wir im Leben erreicht haben. Also wenden wir den Blick nach außen und benutzen andere Menschen als Spiegel, fällen Negativurteile über unser Leben und spüren dem nach, was wir haben und was nicht.

Ein Beispiel mag hier genügen: Zusammen mit einem anderen spirituellen Lehrer hielt ich einen Vortrag in Kalifornien. Der Vortragsort lag in einem sehr wohlhabenden Teil von Kalifornien. Nach unserem Vortrag hatten die Besucher noch Gelegenheit, Fragen zu stellen. Immer wieder war zu hören, dass die Bevölkerung in dieser Region sehr reich sei und deutlich mehr besitze als der Durchschnitt der Bevölkerung.

Damit sollte unterstrichen werden, dass mehr Wohlstand ja wohl auch ein glücklicheres Leben nach sich ziehe.

Ich empfand jedes Mal ein gewisses inneres Unbehagen, wenn ich dieses Argument zu hören bekam und hatte das Bedürfnis, dem zu widersprechen. Ich bin schon seit mehr als zwanzig Jahren als Vortragsreisende und Therapeutin tätig. Meine Arbeit hat mich mit Tausenden von Menschen in Kontakt gebracht. In keinem einzigen dieser Fälle hat materieller Wohlstand zu mehr Glück geführt. Ganz im Gegenteil: Nicht selten waren meine wohlhabendsten Klienten gleichzeitig auch die unglücklichsten. Ich habe Menschen kennen gelernt, die in Armut lebten, deren Anwesenheit aber jeden Raum mit Strahlen erfüllte. Das Lachen in ihren Augen erweckt den Neid all jener, deren Blick leer und traurig ist.

Dies soll nun keineswegs bedeuten, dass wir dem Leiden und der Ungerechtigkeit auf dieser Welt den Rücken zuwenden sollten. Ich will damit nur sagen, dass Reichtum nicht automatisch auch Glück bedeutet. Das ist lediglich eine Vorstellung von uns, die wir auf wohlhabende und berühmte Menschen projizieren.

Wir alle haben unser Schicksal. Gleichzeitig hat jeder von uns Möglichkeiten, sein Leben mit der Kraft der Entscheidung zu verändern. Wir können mit dem, was uns gegeben ist, glücklich werden. Oder wir können auf ewig schmollen, weil wir angeblich »benachteiligt« sind. Unsere Entscheidungen sind es, die uns die Gelegenheit zum Wachstum, zum Lernen und zur inneren Entwicklung geben.

Allerdings - und das möchte ich nicht verschweigen - kann ein bisschen Konkurrenz hilfreich sein. Eine gesunde Portion Wettbewerb entlockt uns oft Talente, die bisher verborgen waren und treibt uns immer wieder an, unsere Gaben bestmöglich einzusetzen.

Doch wie wir alle, so kennen auch Sie sicher das Gefühl von tief sitzendem Neid. Dieses Gefühl schädigt unseren Körper und unsere Seele gleichermaßen. Es schädigt auch die, auf die sich Neid und Eifersucht richten, denn Sie stehlen ihnen Energie. Wenn Neid oder Eifersucht bei Ihnen Zorngefühle nach sich ziehen, die nicht ausgedrückt werden, dann setzen Sie damit negative Energien frei.

Neid und Eifersucht können vergiften, ich wette, dass Sie das schon einmal selbst verspürt haben.

Sicher kennen Sie das viel zitierte Sprichwort, dass es an uns liegt, ob wir »unser Glas« als halb voll oder als halb leer betrachten. Wenn uns starke Neid- und Eifersuchtsgefühle peinigen, dann erleben wir einen Mangel, der uns unser Glas als halb leer empfinden lässt. Doch Schöpfung kann nur aus einem Gefühl des Überflusses entstehen. Aus dem Gefühl des Mangels heraus lässt sich nichts erschaffen.

Wie kommen Sie also wieder auf die Beine, wenn Sie durch ständiges Vergleichen mit anderen das Gefühl haben, im Leben zu kurz gekommen zu sein?

Als Erstes sollten Sie sich daran erinnern, dass wir alle Diamanten gleichen, die die unterschiedlichsten Facetten besitzen, in denen sich Schönheit und Glanz widerspiegeln. Haben Sie schon einmal erlebt, dass jemand den nächtlichen Sternenhimmel bewundert und plötzlich meint, dieser Stern sei viel schöner als der dort drüben? Ich nicht. Oder dass Menschen die Schönheit von Blumen miteinander vergleichen? Natürlich gefallen uns bestimmte Blumen besser als andere, doch sind sie letztlich nicht alle gleich schön? So wie wir Blumen und Sterne betrachten, sollten wir uns und unsere Mitmenschen sehen.

Der entscheidende Punkt im Umgang mit Neid und Eifersucht ist, dass wir diese Emotionen innerlich annehmen, denn sie besitzen ein enormes Energiepotenzial, das wir nicht verschenken sollten. Die folgende Übung wird Ihnen helfen, dass diese Energie nicht ins Negative umschlägt und uns und anderen keinen Schaden zufügt.

Würdigen Sie Ihre Gaben

Nehmen Sie sich ein paar Minuten Zeit, um in sich zu gehen. Denken Sie mit einem tiefen Gefühl der Dankbarkeit, wer Sie sind. Ihre Erfahrungen haben Sie zu dem Menschen gemacht, der Sie heute sind. Sie werden zum strahlenden Stern, dessen Licht die Welt erhellt, wenn Sie erkennen, wer Sie außerhalb Ihrer Gedanken und Ihrer körperlichen Hülle sind.

Ihr Leben und Ihre Handlungen haben die Welt bereits verändert. Die kleine freundliche Geste am Arbeitsplatz, im Lebensmittelgeschäft, in der Schule oder in der Warteschlange vor dem Schalter ist der beste Beweis, dass Sie dieses innere Licht wirklich besitzen.

Viele Menschen haben uns auf dem Totenbett an der Bilanz ihres Lebens teilhaben lassen. Die Erinnerung an kleine Gesten der Freundlichkeit hat ihnen Trost und Frieden geschenkt.

Erinnern Sie sich an eine Gefälligkeit, die Sie einem anderen Menschen erwiesen haben? Es muss ja nichts Großartiges sein. Niemand erwartet, dass Sie aus dem Stand zu Mutter Teresa werden.

Je mehr Sie Ihre eigene innere Schönheit, Ihr inneres Strahlen würdigen können, desto weniger geraten Sie in Versuchung, darüber zu brüten, was Sie im Vergleich mit anderen vermeintlich nicht haben. Je mehr Sie den Menschen zu würdigen wissen, der Sie durch Ihre Erfahrungen geworden sind, desto reicher werden Sie sich innerlich fühlen. Und je reicher Sie sich fühlen, weil Sie Ihre eigenen Stärken und Ihre innere Schönheit zu würdigen wissen, desto weniger werden Sie den Blick nach außen richten, um sich mit anderen zu vergleichen.

Dazu müssen Sie sich täglich ein wenig Zeit zur inneren Einkehr nehmen und darüber nachdenken, welche Qualitäten

> Sie besitzen und was Sie in der Welt vollbracht haben. Sie
> können diese Übung am Morgen machen, um den Tag zu
> beginnen. Und/oder am Abend, bevor Sie sich schlafen legen.

Diese Übung wird Ihnen inneren Frieden schenken, in einem Ausmaß, dass Sie um nichts in der Welt mit einem anderen Menschen tauschen möchten. Aus dieser inneren Fülle heraus werden Sie ein Gespür entwickeln für die unbegrenzten Möglichkeiten, die Ihnen offen stehen, wenn Sie im Leben etwas verändern wollen.

Wie Sie Verzweiflung, Bedauern und Angst überwinden

Im Jahr 2005 war ich für fast einen Monat in Europa. Ich gab verschiedene Kurse, meine freie Zeit aber nützte ich zum Reisen. Es war ein wunderbares Erlebnis, und meine Kurse verliefen dadurch sehr gut.

Es machte mir viel Freude, mit anderen Menschen arbeiten zu können, doch gleichzeitig fühlte ich mich noch mit großen persönlichen Herausforderungen konfrontiert. Ich hielt mich gerade in der Schweiz auf, als Hurrikan Wilma über Florida wütete. Aus der Berichterstattung der Schweizer Medien konnte ich das wirkliche Ausmaß der Katastrophe erst nicht erkennen, und als ich erfuhr, wie schlimm die Dinge wirklich standen, sorgte ich mich sehr um meine Eltern. Sie, beide 91 Jahre alt, lebten genau dort, wo der Hurrikan vorübergezogen war. Fast einen ganzen Tag lang hatte ich große Angst um sie, da ich einfach nicht in Erfahrung bringen konnte, wie es ihnen ging.

Tiefe Trauer, wie ich sie bei dieser Gelegenheit empfand, macht mich emotional sehr empfänglich. Von der Schweiz aus fuhr ich nach Österreich zu meinem nächsten Workshop. Dabei schnappte ich zufällig auf CNN die Weltnachrichten auf.

Bilder von Menschen in Pakistan, die nach einem verheerenden Erdbeben in Zelten leben mussten, erschütterten mich zutiefst, da ich mich ohnehin schon sehr verletzlich fühlte. Schließlich wurde danach auch noch ein Bericht über Tierquälerei gesendet.

Am Ende stellte sich heraus, dass meine Eltern gut versorgt und in Sicherheit waren. Meine Fantasie hatte mich in Angst und Schrecken versetzt, meine Projektionen waren weit entfernt von der Realität.

Von Österreich aus flog ich nach Amsterdam, um mich mit meinem Mann zu treffen. Im Flugzeug überfiel mich mit einem Mal eine tiefe Traurigkeit über die Art, wie wir Menschen miteinander, aber auch mit der Erde umgehen.

Ich hatte das Gefühl, in einen tiefen dunklen Tunnel zu gleiten, ein Gefühl, das ich seit Jahren überwunden glaubte. Es schien, als hätte ich keine andere Wahl, als gäbe es keine andere Alternative. Diesen Tunnel zu durchqueren schien der nächste Schritt auf meinem Weg zu sein. Ich wusste, dass er lang war. Doch ähnliche Erfahrungen früher hatten mich gelehrt, dass ich es schaffen würde. Es gab nur einen Weg: einatmen und durch. Ich machte mich gerade bereit, dieses Meer der Finsternis zu durchqueren, als eine Stimme tief in mir drin sagte, dass es durchaus auch einen anderen Weg gäbe.

Ich bat die Stimme, mir dies genauer zu erklären. Ich wurde daran erinnert, dass alles, was ich in der Außenwelt wahrnähme, nur Projektion sei. Was also projizierte ich auf die Außenwelt?

Das brachte mich zurück zu der Geschichte mit meinen Eltern. In Ungewissheit über ihr Schicksal nach dem Hurrikan, war ich verzweifelt und glaubte sie im größten Elend. Meine Projektion, das Bild, das ich mir von ihrem Schicksal gemacht hatte, war so ziemlich das genaue Gegenteil ihrer tatsächlichen Lage. Es ging ihnen gut und sie waren dankbar, dass sie unverletzt geblieben waren und man sie mit allem Lebensnotwendigen versorgte. Sie waren keineswegs besorgt oder verzweifelt. Alles, was ihnen fehlte, war warmes Wasser zum Baden und Strom - eher geringe Entbehrungen verglichen mit dem, was ihnen hätte geschehen können.

In diesem Augenblick wurde mir bewusst, dass ich die Erfahrung von Leid auf die Welt projizierte, so wie ich auf die Situation meiner Eltern nicht vorhandenes Leid projiziert hatte. Ich machte mir klar, dass ich schließlich die Möglichkeit der Wahl hatte. Ich rief mir ins Gedächtnis, dass es weder mir noch der Welt oder dem Leben insgesamt auch nur das Geringste nützte, wenn ich mich immer tiefer und tiefer in meine Depression hineinfallen ließ. Also begann ich, mit der schon beschriebenen Affirmationstechnik zu arbeiten.

Mir wurde klar, dass ich diesen neuen Weg gehen musste, wenn ich anderen eine Hilfe sein wollte. Mit der Änderung meiner Wahrnehmung würde sich konsequenterweise auch meine subjektive Wirklichkeit verändern. Dieses Gesetz habe ich bereits in *Heilung für Mutter Erde* beschrieben. Nun erfuhr ich die Wahrheit dieser Aussage auf einer tieferen Ebene.

Wir können Dunkelheit und Leiden in diese Welt projizieren. Wir können Hass und Zorn in diese Welt projizieren. Doch wir haben auch die Wahl, Liebe, Schönheit, Licht und Frieden auf die Welt zu projizieren. Wofür wir uns entscheiden, hängt allein von uns ab. Während meiner Europareise wurde ich von einer Kraft in meinem tiefsten Innern aufgefordert, mich für letztere Möglichkeit zu entscheiden, und ich habe es getan. Alle Schöpfung geschieht durch den Einsatz der mächtigen Energien von Konzentration und Projektion. Entscheiden wir uns als menschliche Gemeinschaft dafür, von diesen Kräften sinnvoll Gebrauch zu machen? Gibt es eine mächtigere Kraft auf Erden als unsere gebündelte spirituelle Energie, die wir in Liebe allen Erscheinungsformen des Lebens zuteil werden lassen mit dem Ziel, die Qualität unserer Projektion zum Positiven zu verändern?

Wie Sie Licht ins Dunkel bringen

Beginnen Sie diese Übung wieder mit einem kleinen Gedankenexperiment ähnlich dem, das Sie schon in Kapitel 3 kennen gelernt haben. Stellen Sie sich vor, dass Sie alle Menschen, die wie Sie dieses Buch lesen, dazu auffordern, das Bild, das sie von Ihnen und Ihrem Leben haben, auf Sie zu projizieren. Möchten Sie in dieser Projektion leben? Möchten Sie, dass man Sie bedauert? Oder möchten Sie vielmehr als jemand wahrgenommen werden, der zuversichtlich im Glanz seines inneren göttlichen Lichts erstrahlt? Möchten Sie nicht lieber Ziel einer Projektion sein, in der Sie eins mit dem Leben sind?

Millionen von Menschen auf dieser Erde übertragen durch das Bild, das sie sich voneinander machen, ungeheure Mengen von Energie aufeinander. Lassen Sie uns doch unsere Energie bündeln und bewusst auf jenes Bild projizieren, von dem wir wünschen, dass andere es von uns hätten.

Ich möchte Ihnen ans Herz legen, über die Macht der Projektion nachzudenken. Viele Menschen haben mir von der extremen Armut berichtet, in der die Menschen in indigenen Kulturen leben. Doch blickt man den Menschen dort in die Augen, bemerkt man darin häufig eine Freude, die einen überrascht. Einerseits stimmt es sicherlich, dass diese Menschen weder ein Dach über dem Kopf noch genügend zu essen haben. Trotzdem spricht aus ihnen eine Freude und ein Frieden, der uns allem materiellen Wohlstand zum Trotz fehlt.

Dürfen wir daraus schließen, dass wir häufig nur unsere Vorstellungen von Leid auf Menschen projizieren, die in Wirklichkeit gar nicht so unglücklich sind? Ich behaupte nicht, dass all diese Menschen durchweg glücklich sind. Mir geht es nur darum, dass wir uns bewusst machen, wie wir unsere eigenen trüben Gedanken in die Welt projizieren.

Wenn Sie Ihre Projektionen mit positiver Energie aufladen möchten, dann könnten die folgenden Anregungen für Sie nützlich sein.

Im ersten Schritt sollten Sie sich bewusst machen, welches Bild Sie gerne auf sich projiziert sehen möchten. Denken Sie dann darüber nach, was Sie in die Welt projizieren. Wollen Sie diese Projektion verändern?

Es geht um eine spirituelle Transformation des kollektiven Bewusstseins mit Hilfe der unsichtbaren Kräfte unserer Imagination. Hierzu bedarf es bewusster Anstrengung und Konzentration.

Wir müssen fest entschlossen sein, unser Vorhaben in die Tat umzusetzen und unsere Motivation muss Liebe sein. Wir dürfen uns nicht als Einzelwesen sehen, die vom kollektiven Ganzen getrennt sind. Wir müssen Harmonie sein, um Harmonie zu projizieren. Gedankliche Ausrichtung auf unser Ziel und die klare Vorstellung von dem, was möglich ist, sind die entscheidenden Faktoren in diesem Unterfangen.

Dieser Wandlungsprozess verlangt mehr von uns als nur Wunschdenken. Er muss unser ganzes Sein erfassen. Mit jedem Atemzug müssen wir spüren, dass wir Frieden werden und diesen Frieden projizieren wir mit der ganzen Kraft unseres Seins in die Welt. Werden Sie vollkommen zu Licht und projizieren Sie dieses dann hinaus in die Welt. Werden Sie Liebe, und bringen Sie diese ein in die Gesamtheit des Seins.

Bringen Sie diese Technik auch Ihren Kindern bei. Lehren Sie sie, Licht und Frieden in die Welt zu projizieren. Das wird ihnen helfen, innerlich voll Licht und Hoffnung zu bleiben und mit diesem Licht und dieser Hoffnung ihr eigenes Leben zu erfüllen. Dies wird sich auf ihr gegenwärtiges wie ihr zukünftiges Dasein positiv auswirken wird.

Sie haben die Wahl – immer

Wir alle sehen uns im Leben regelmäßig mit schwierigen Situationen konfrontiert. Dabei haben wir es sehr wohl in der Hand, wie wir auf solche Herausforderungen reagieren. Manche Menschen, die in ihrer Kindheit schlimme Erfahrungen machten, wurden zu mitfühlenden Heilern, weil sie sich entschlossen haben, die Energie dieser Erfahrungen nicht weiterzugeben. Andere Menschen mit Missbrauchserfahrungen haben diese emotional immer wieder durchlebt und sind darüber verkümmert.

Wenn wir uns im Familien- bzw. Freundeskreis oder in der Nachbarschaft umsehen, finden wir viele Beispiele für Menschen, die trotz großer Schwierigkeiten ihr Leben meistern. Ihre Erfahrung ist ermutigender Beweis dafür, dass auch wir es schaffen können. Oder nehmen Sie politische bzw. religiöse Führer, die die Erfahrung ihres Leids in eine Quelle der Inspiration für die Menschheit verwandelt haben.

Ein paar davon möchte ich Ihnen hier kurz vorstellen:

Michelle Bachelet, die chilenische Präsidentin, wurde vor dreißig Jahren vom Pinochet-Regime inhaftiert. Sie überlebte Kerker und Folter. In ihrer Rede nach ihrem Wahlsieg versprach sie den Menschen eine gerechte Gesellschaft mit den Worten: »Da ich selbst Opfer von Hass geworden bin, habe ich mein Leben der Aufgabe gewidmet, diesen Hass in gegenseitiges Verstehen, Toleranz und – warum sollten wir uns scheuen, dieses Wort zu gebrauchen? – in Liebe umzuwandeln.«

Nelson Mandela verbrachte Jahre seines Lebens im Gefängnis, weil er gegen Apartheid und Rassendiskriminierung kämpfte. Seit seiner Freilassung bereist er die Welt und inspiriert Menschen aller Hautfarben, indem er ihnen die Werte von Gleichheit, Integrität und Liebe vor Augen führt.

Der Dalai Lama wurde von den Chinesen gezwungen, seine Heimat Tibet zu verlassen. Seit der chinesischen Invasion erleben die Buddhisten in Tibet schwerste religiöse Verfolgungen, doch hat der Dalai Lama nicht aufgehört, die Bedeutung von Liebe und Mitgefühl zu betonen. Menschen überall auf der Welt kennen seine Belehrungen über die Kraft der Vergebung und seine Fähigkeit, jenseits aller Bitterkeit auch für das Wohlergehen der Chinesen zu beten.

Eine meiner Schülerinnen erzählte mir eine interessante Geschichte, die mich sehr bewegt. Sie belegt sehr schön, wie unsere Wahrnehmung unsere Welt schafft und dass es an uns liegt, ob wir mit Verbitterung oder aber Dankbarkeit auf die Wechselfälle des Lebens reagieren. Diese Frau stammt aus Kambodscha. Sie musste aus politischen Gründen das Land verlassen. Mitten in der Nacht war sie mit ihrer Familie geflohen. Alles musste sehr schnell gehen und so konnte sie weder Geld noch irgendwelche anderen Besitztümer mit sich nehmen. Nach Tagen der Flucht ohne Wasser und Lebensmittel litten sie schrecklichen Hunger und Durst. Plötzlich entdeckten sie irgendwo schlecht gewordenen Reis und verseuchtes Wasser. Sie aßen den Reis und tranken das Wasser und wurden erstaunlicherweise nicht krank. Die Frau sagte, sie seien so dankbar gewesen, in ihrer Not etwas zu essen und zu trinken zu finden, dass sie keinen Gedanken daran verschwendet hätten, dass die Lebensmittel verdorben waren. Die Frau empfand keinerlei Bitterkeit wegen ihres harten Schicksals, nur Dankbarkeit, dass sie und ihre Familie stets mit allem Notwendigen versorgt worden waren.

6. Kapitel
Die Kraft der Innerlichkeit und der Konzentration

Der Wandlungsprozess, den wir uns vorgenommen haben, erfordert Disziplin und Willenskraft. Wir müssen unser Bewusstsein immer wieder auf unser Vorhaben lenken. Wir brauchen ein geistiges Bild davon, wie wir unser Leben verändern möchten, wie die Umgebung aussehen soll, in der wir leben und arbeiten wollen.

Es ist wichtig, in regelmäßigen Abständen die eigenen Fortschritte zu überprüfen. Viele Menschen neigen dazu, nur dann an sich zu arbeiten, wenn es ihnen gut geht. Sobald sich jedoch Probleme einstellen, zum Beispiel körperlicher Schmerz als Folge von Stress, eines Unfalls oder einer Krankheit, erlahmen nicht selten auch unsere guten Vorsätze. Wenn wir einen schlechten Tag haben, sind wir sehr leicht unkonzentriert. Aber gerade dann brauchen wir unsere ganze Aufmerksamkeit, um unsere negativen Selbstgespräche und die Energie, die wir aussenden, zu transformieren.

Die Sportler unter meinen Lesern wissen, wovon ich rede. Wenn Sie eine wirklich gute Leistung erbringen oder ganz in Ihrem Tun aufgehen, ist es leicht, zentriert zu bleiben und »auf dem Wellenkamm dahinzugleiten«. Wenn Sie beim Tanzen einen falschen Schritt machen, verlieren Sie das Gleichgewicht und stürzen, wenn Sie nicht sofort in Ihren Rhythmus zurückfinden. Schaffen Sie es aber, in dieser Situation tief durchzuatmen und sich mit Anmut wieder zu erheben, können Sie Ihren Tanz auf einer höheren Ausdrucksebene fortsetzen. Ein Tennisspieler kann es sich nicht leisten, wegen eines schlechten Aufschlags wütend zu sein und lange über seine Patzer nachzudenken. Das Spiel läuft ja weiter. Er muss seine Gedanken bündeln, eine positive Einstellung finden und sich konzentrieren, um wieder ins Spiel zu finden.

Lassen Sie jeden Abend den Tag Revue passieren. Wie gut ist es Ihnen gelungen, nicht in den automatischen Reaktionsmodus zu verfallen? Wie gut ist es Ihnen gelungen, negative Gefühle bzw. Ihre Kommunikation mit anderen zu transformieren? Was haben Sie empfunden, als Sie an sich gearbeitet haben? Haben Sie irgendwelche Veränderungen bemerkt, die Ihnen das Gefühl gaben, das Ganze sei der Mühe wert? Haben Sie Ihre Umgebung zum Positiven beeinflusst? Gab es etwas, das Sie besser hätten machen können?

Welche Kräfte nähren Sie?

> Stellen Sie sich für die folgende Übung zwei Figuren vor, die Ihre seelische Verfassung symbolisieren. Diese Figuren können zwei aufblasbare Puppen sein, die größer bzw. kleiner werden, je nachdem wie viel Luft Sie hineinpumpen oder entweichen lassen. Puppe 1 nimmt die Energie hinter Ihren positiven Gedanken und Gefühlen auf. Puppe 2 nimmt die Energie hinter Ihren negativen Gedanken und Gefühlen auf. Beobachten Sie, welche Puppe im Laufe des Tages immer wohlgenährter wird und welche vor sich hin kümmert.

Diese Übung soll Ihnen helfen, bewusster zu leben. Achten Sie darauf, dass Sie sie nicht dazu benutzen, sich selbst Vorwürfe zu machen. Wir lernen hier Methoden, die uns helfen sollen, unser Leben zu verändern. Es braucht Geduld und Zeit, neue, positive Verhaltensweisen einzuüben und alte, negative aufzugeben.

Solange wir uns selbst nicht vergeben können, werden wir auch nicht in der Lage sein, andere wirklich zu lieben.

Einem spirituellen Pfad zu folgen gleicht einem Drahtseilakt. Wenn wir uns Vorwürfe machen, sind wir nicht mehr auf dem richtigen Weg. Wenn wir stürzen, sieht die Lösung immer gleich aus: Aufstehen, Durchatmen, Zentrieren und den Weg weitergehen.

Wie Sie Ihren Lebensstil ändern

Wenn Sie eine Zeit lang einen solchen alchemistischen Wandlungsprozessen durchlaufen haben, werden Sie feststellen, dass Sie in energetischer Hinsicht viel sensibler werden. Die Häufigkeit, mit der Sie üben, Ihre Ernährungsweise und die Menge an Stress, die Sie haben, beeinflusst Ihre Energie sowie die Art, in der Sie in alte Reaktionsmuster verfallen bzw. sich daraus lösen können.

Diese Zusammenhänge näher auszuführen würde den Rahmen dieses Buches sprengen. Doch möchte ich Ihnen dringend ans Herz legen, Ihren Lebensstil einer Überprüfung zu unterziehen.

Sehr fetthaltige Nahrungsmittel können zum Beispiel Ihre Leber blockieren und dazu führen, dass Sie alles auf die Palme treibt. Zu viel Koffein kann bei manchen Menschen zu Angstzuständen führen. Bestimmte Nahrungsmittel wie zum Beispiel Zucker können depressive Verstimmungen auslösen. Nehmen Sie Lebensmittel zu sich, auf die Sie allergisch reagieren, kann sich das auch in Emotionen wie Zorn, Depression oder Angst niederschlagen. Achten Sie darauf, wie Sie sich nach dem Essen fühlen, um die energetischen Auswirkungen bestimmter Nahrungsmittel kennen zu lernen.

Wenn Sie ständig unter Stress stehen, wird es Ihnen schwer fallen, zentriert zu bleiben. Sie könnten einwenden, dass es ein Leben ohne Stress nun einmal nicht gibt. Erinnern Sie sich, welche Frage ich Ihnen am Anfang des Buches gestellt habe? Was soll das Motto über Ihrem Leben sein: der »Kampf ums Dasein« oder »Wachsen und Gedeihen«? Niemand kann Ihr Leben ändern, nur Sie selbst. Überlegen Sie sich Möglichkeiten, wie Sie wenigstens einige Stressauslöser aus Ihrem Leben entfernen können. Beginnen Sie mit einer kleinen Veränderung, mit der der Stress ein wenig nachlässt. Spüren Sie, wie sich dadurch Ihre Stimmung, Ihr Aussehen und die Energie, die Sie für sich und andere übrig haben, bessern.

Ohne Bewegung gibt es keine körperliche oder seelische Gesundheit. Wir sind Teil der Natur, und alles in der Natur ist in Bewegung. Wir sind aus den Elementen Erde, Wasser, Luft und Feuer geschaffen. In einem Lied heißt es: »Die Erde ist mein Leib, das Wasser mein Blut, die Luft mein Atem, das Feuer mein Geist.«

Fließendes Wasser ist gesund. In stehendem Wasser sammeln sich Giftstoffe an. Luftströmungen sind gesund. Kann Luft nicht zirkulieren, wird sie muffig. Die Erde ist in ständiger Bewegung. Beobachtet man den Erdboden, wird man feststellen, dass er selbst im Winter nicht ruht. Unser Geist, der von feuriger Natur ist, braucht Bewegung, sonst wird unser Leben schal und sinnlos. Unsere Kreativität erlahmt, die Folge sind Depressionen und Hoffnungslosigkeit.

Laufen und tanzen Sie. Gehen Sie spazieren. Üben Sie Yoga oder versuchen Sie andere Formen der Bewegungsmeditation wie Tai Chi oder Qi Gong. Gehen Sie in ein Fitnessstudio oder trainieren Sie zu Hause. Eine Viertelstunde täglich für einen Spaziergang lässt sich immer einrichten. Das macht den Kopf frei und reichert das Blut mit Sauerstoff an.

Wenn Sie Ihren Lebensstil nicht so verändern, dass er Ihre körperliche und seelische Gesundheit fördert, werden Sie feststellen, dass Sie mit den Übungen aus diesem Buch nur Symptome kurieren – nicht aber die Ursachen.

Damit sich in unserem Leben wirklich dauerhaft etwas verändert, muss das, was wir auf spiritueller Ebene tun, in Einklang stehen mit der Art und Weise, wie wir mit unserem Körper und unserem Bewusstsein umgehen.

Die Auswirkungen des Wandlungsprozesses

Wenn Sie wirklich ernsthaft an der Umwandlung der Energie, die Sie aussenden, arbeiten, werden Sie zwei wesentliche Veränderungen feststellen:

- Erstens werden Sie vermutlich merken, dass Sie für Energien aus Ihrer Umgebung empfänglicher werden.
- Zweitens werden Sie sich nicht länger als Opfer betrachten, das unter dem Verhalten anderer zu leiden hat.

Ich selbst habe diese Veränderungen an mir bemerkt, als ich begann, dieses Thema in meinem Buch *Die Heimkehr der Seele* zu bearbeiten.

Ich arbeitete mit großem Einsatz an diesem Wandlungsprozess. Jedes Mal, wenn ich einen negativen Gedanken in mir bemerke, fragte ich mich: »Wem hast du diese Energie gerade geschickt?« Je länger ich dies tat, umso stärker öffnete ich mich seelisch. Ich registrierte meine eigene Energie und die Energien in meinem Umfeld genau. Ich war »dünnhäutig« geworden.

Das bedeutete für mich, dass ich noch stärker auf mich Acht geben musste. Ich kam mir vor wie ein neugeborenes Baby, das man am liebsten gegen alle negativen Einflüsse abschirmen möchte. An dieser Erfahrung war nichts Schlechtes, sie war einfach nur neu für mich.

Ich habe festgestellt, dass die meisten Menschen den hier vorgestellten Ideen gegenüber sehr aufgeschlossen sind. Doch nur die wenigsten sind bereit, die nötige Energie aufzubringen, um an sich zu arbeiten. Viele Leute geben sich lieber weiter der Illusion hin, dass die Energie, die sie aussenden, keine Auswirkungen auf die Welt hat. Meine Hoffnung ist nun, dass die Leser dieses Buches spirituelle Krieger werden, die ihren Beitrag bei der Umwandlung des kollektiven Bewusstseins leisten. Wenn ich sage »spirituelle Krieger«, dann meine ich damit nicht den Einsatz von Gewalt in irgendeiner Form. Doch erfordert es die Disziplin, die Ausdauer und die Zielstrebigkeit eines Kriegers, um diesen Umschwung herbeizuführen.

Wenn wir wie auf Knopfdruck auf äußere Umstände und das Verhalten anderer reagieren, werden unsere Gedanken wie in einer Endlosschleife um vergangene Probleme und Verletzungen kreisen. Unsere Vergangenheit wird uns immer wieder einholen.

Gehen Sie aber den Weg der Wandlung, werden Sie merken, dass Sie nicht länger das Opfer der Umstände oder Ihrer Umgebung sind. Sie können bestimmen, wie Sie auf die Menschen und die Energien Ihrer Umgebung reagieren. Allein das schenkt Ihnen Kraft.

Sie werden ferner bemerken, dass Sie die Vergangenheit mühelos gehen lassen können, wenn Sie alte Verhaltensweisen auf der energetischen Ebene transformiert haben. Damit haben Sie einen großen Schritt auf Ihrem Weg der Initiation getan.

Initiationserfahrungen lösen einen inneren Wandel aus. Sie werden dabei auf ein vollkommen neues Energieniveau gehoben. In der Initiation werden Sie ein neuer Mensch.

Alte Verletzungen, die Sie bisher gebunden haben, fallen nun von Ihnen ab. Sie leben mehr in der Gegenwart als früher und entdecken die vielfältigen Möglichkeiten, Ihre Zukunft zu gestalten.

Leid und Schmerz sind ungeliebte, aber vertraute Weggefährten. Wenn Sie sich von den Fesseln der Vergangenheit frei machen und mit den Inhalten Ihres Bewusstseins arbeiten, die ihre Wurzeln in der Gegenwart haben, beschreiten Sie damit neues, fremdes Terrain. Das ist ein spannendes Abenteuer, bei dem sich gelegentlich auch Angst einstellt. Doch wenn Sie diese Ängste aufarbeiten, werden Sie erkennen, dass auf Sie ein Leben voller Harmonie, Frieden und Schönheit wartet.

Neue Menschen werden in Ihr Leben treten, die Ihnen Ihren inneren Wandel spiegeln. Sie werden sich neuen Lebensumständen gegenüber sehen, geprägt von der Klarheit, die mit einem Leben im Hier und Jetzt verbunden ist. Sie werden in jeder Hinsicht wachsen und gedeihen.

Wir sind Teil der Natur, und die Natur hat ihre Zyklen: Die Sonne geht auf und wieder unter, Stürme kommen und gehen. Das Wetter ist in ständiger Bewegung.

Auch Ihre spirituelle Entwicklung gehorcht natürlichen Zyklen. An manchen Tagen wird Ihre neue Art, in der Welt zu sein, Sie mit Hochgefühl erfüllen. Dann aber kehren die trüben Tage zurück, an denen Ihre Emotionen den alten Mustern folgen.

So ist das Leben. Und so wie es heute regnet und morgen die Sonne scheint, können Sie sich auf eines sicher verlassen: Auch dieser Zustand wird vorübergehen.

Hören Sie nicht auf, an sich zu arbeiten. Gehen Sie Ihren Weg einfach weiter. Machen Sie sich nicht verrückt mit Vorstellungen darüber, was Sie erreichen müssten. Verweilen Sie bei dem, was ist, in einer Haltung der Liebe und Wertschätzung angesichts Ihrer Erfahrungen, angesichts des großen Abenteuers Ihres Lebens.

7. Kapitel
Sich selbst schützen lernen

Nun treten Sie eine Zeitreise zurück ins alte Sibirien an, um an einem traditionellen schamanischen Heilungsritual teilzunehmen. Es ist Nacht. Ein Lagerfeuer brennt in der Weite der Steppe, in der eine Schamanin ihre Zeremonie vollführt. Sie steht auf einem runden Fleck Erde, der von Kiefern umgeben ist. Die Temperatur ist angenehm. Es ist wunderbar, im Freien zu sein. Die Sterne und ein strahlend schöner Vollmond erhellen die Nacht. Die Dorfbewohner stehen im Kreis um die Schamanin. Sie sind hier in der Hoffnung, dass ein geliebtes Mitglied ihrer Gemeinschaft nun Heilung finden wird.

Während ihrer Zeremonie trommelt, tanzt und singt die Schamanin. An ihrem Gewand sind Hunderte von kleinen Spiegeln befestigt, die im Dunkel der Nacht glitzern, während sie sich im Tanz bewegt. Ihr Gürtel ist mit Kupferplättchen besetzt. An ihnen prallen alle negativen Energien ab, während sie die Krankheit aus dem Hilfesuchenden mit ihrer Energie herauszieht. Die negative Energie wird in Liebe verwandelt und zu ihrer Quelle zurückgeschickt.

Gibt es etwas, das Sie als Symbol des Schutzes nutzen können - sei es an Ihrem Arbeitsplatz bzw. im Behandlungsraum Ihrer Praxis oder allgemein im Kontakt mit Ihrer Um-

> welt? Etwas, was feindliche, angstvolle Energien bricht, die sich auf Sie richten? Und wie können Sie diese Energien mit der Kraft der Liebe umlenken?

Methoden des Selbstschutzes

In den vorigen Kapiteln haben wir uns damit beschäftigt, wie wir uns der Energie, die wir aussenden, stärker bewusst werden und sie kontrollieren können. Nun wollen wir uns konkrete Methoden erarbeiten, um uns vor den negativen Energien anderer zu schützen.

Eines sollten Sie dabei nicht vergessen: Wenn der Gedanke, sich vor feindlichen Energien schützen zu müssen, zur Besessenheit wird, haben Sie nur eine weitere Form toxischer Energie geschaffen. Ich konnte feststellen, dass energetische Übergriffe feindlich gesinnter Menschen in ihrer Wirkung eher verstärkt werden, wenn wir davor Angst haben. Sie sollten nicht von vornherein angstvoll auf mögliche »Attacken« warten. Wir müssen keineswegs den ganzen Tag in einer energetischen Rüstung verbringen, denn es gibt ein paar einfache, aber effektive Methoden, um ein sanftes, energetisches Schutzfeld um uns herum aufzubauen. Außerdem besitzt jeder Mensch genügend Kraft, um sich selbst »Schirm und Schutz« zu sein.

Bei einem Workshop sprach ich über das Thema psychoenergetische Angriffe. Nach dem Workshop hatte ich einen Traum, in dem ich Jesus sah. Er war ganz von Licht erfüllt. Das Licht strahlte aus seinem Herzen, seinen Händen und seinem Scheitel. Er sagte zu mir, dass negative Energien keinerlei Möglichkeit besäßen, in unser Bewusstsein oder unser Energiefeld zu gelangen, wenn wir von unserem inneren Licht erfüllt sind und dieses Licht strahlen lassen. Ich hatte diese Entdeckung schon selbst im Laufe der Jahre gemacht, als ich nach

Möglichkeiten suchte, wie man sich gegen solche Attacken schützen kann. Dieser Traum erinnerte mich auf wunderbare Weise daran, welch starkes Schutzmittel uns mit diesem inneren Licht gegeben ist.

Das Ziel unserer spirituellen Entwicklung ist die vollkommene Erkenntnis, dass wir Lichtwesen sind, die ihr Licht in diese Welt senden. Je mehr wir von diesem inneren Licht, dieser inneren Sonne, die jeden Aspekt unseres Seins erfasst, durchdrungen sind, desto mehr positive Energie können wir uns und allen Lebewesen bringen.

Das blaue Ei

Von einer Angehörigen des Chumash-Indianerstammes aus Kalifornien erfuhr ich vor vielen Jahren, dass man in ihrem Volk mit einem Energieschild in Form eines blauen Eies arbeite. Man stellt sich dabei vor, ganz von diesem blauen Ei eingehüllt zu sein.

Ich arbeite seit damals mit dieser Visualisierungstechnik, zumal Blau meine Lieblingsfarbe ist. Ich habe sie in meinen Büchern beschrieben und bei vielen Workshops und Einzelsitzungen angewendet. Alle Rückmeldungen, die ich bekomme, bestätigen mir, dass das blaue Ei als Methode äußerst kraftvoll ist.

Nehmen wir einmal an, Sie sind therapeutisch tätig und daher intensiv mit den negativen Energien Ihrer Klienten konfrontiert. Einerseits möchten Sie Ihre Klienten ermutigen, ihre tiefsten Empfindungen und Gedanken auszusprechen, andererseits möchten Sie sich diese Energien nicht unbedingt »einverleiben«.

Stellen Sie sich deshalb vor, ein blaues Lichtei hülle Sie von Kopf bis Fuß ein. So wird die negative Energie Ihrer Klienten nicht Teil Ihres eigenen Energiefelds. Manche Menschen arbeiten lieber mit weißem Licht. Wählen Sie die Farbe, mit der Sie sich am wohlsten fühlen. Wichtig ist nicht der Farbton, sondern der feste Entschluss, sich mit einer schützenden Energiehülle zu umgeben.

Wie Sie Ihre eigenen Schutzsymbole finden

Eine andere Form der »energetischen Selbstverteidigung« sind Symbole, die wir uns als Schutzschilder auswählen. Vielleicht kennen Sie schon Bilder, die sich gut als Schutzschild eignen. Oder Sie holen Ihre Malsachen hervor und warten, welche Symbole aus dem Unterbewussten auftauchen. Machen Sie sich mit der klaren Absicht ans Werk, ein Symbol zu malen, das Ihnen zum Schutz dienen soll. Dann müssen Sie nur noch geduldig abwarten.

Das Bild mit Ihrem Symbol können Sie in Ihrem Büro anbringen oder an anderen Orten, wo Sie mit Menschen zusammenkommen. Visualisieren Sie das Symbol in Ihrem Solarplexus. Stellen Sie sich vor, wie es Sie gegen alle Arten von negativer Energie abschirmt, mit denen Sie unter Umständen konfrontiert werden.

Der schützende Spiegel

In indigenen Kulturen wird häufig ein Spiegel unter das Lager des Betroffenen gelegt, wenn dieser sich matt und geschwächt fühlt. Alles, was in der Nacht auf den Klienten einströmt, wird vom Spiegel wieder zurückgesandt. Diese Methode empfehle ich meinen Schülern nur dann, wenn sie das Gefühl haben, einem außerordentlich starken Angriff ausgesetzt zu sein, der über ihre eigenen Kräfte geht.

Schützende Wesen

Bevor ich am Abend einschlafe, mache ich eine kleine Visualisierungsübung. Ich stelle mir vor, dass ich mich neben einem Lagerfeuer schlafen lege. Vier große Feuerhüter stehen Wache und beschützen das Feuer ebenso wie mich. So kann ich friedlich einschlafen, weiß ich doch, dass jemand neben mir wacht. Diese Methode hilft mir gerade in »dünnhäutigen« Zeiten.

Bisher haben wir uns nur mit Schutzmaßnahmen gegen unabsichtlich ausgesandte negative Energie beschäftigt. Doch es kommt auch vor, dass negative Energien absichtlich gegen uns gerichtet werden. In diesem Fall brauchen wir andere Methoden.

Wenn Sie das Gefühl haben, zum Ziel eines psychoenergetischen Angriffs geworden zu sein, ist das Wichtigste zunächst einmal, nicht ängstlich zu reagieren. Sie sind ein Lichtwesen. Sie haben genug Kraft, um diesen Angriff abzuwenden. Erliegen Sie nicht der Versuchung, Vergeltung zu üben und selbst negative Energien auszustrahlen. Heißt es nicht, dass alles, was wir aussenden, verstärkt zu uns zurückkehrt? Wenn ich einen regelrechten »Angriff« auf psychoenergetischer Ebene verspüre, schicke ich diese Energie einfach voll Liebe zurück. Auf diese Weise schade ich anderen Geschöpfen nicht, lasse aber auch nicht zu, dass mir selbst ein Leid geschieht. Dann prallen die negativen Energien einfach an mir ab.

Wie Sie schädliche Bindungen lösen

Lösen Sie jene Bande, die Sie mit Menschen verbinden, die Ihnen keine Liebe zukommen lassen. Solche Beziehungen sind selten stärkend. Wenn Sie harmonische Energien in Ihr

Leben ziehen wollen, sollten Sie auch Ihre Beziehungen zu anderen Menschen auf den Prüfstand stellen.

Visualisieren Sie ein Band, das von Ihrem Solarplexus ausgeht und Sie mit jenem Menschen verbindet, von dem Sie frei sein wollen. Dann nehmen Sie in Ihrer Vorstellung eine scharfe Schere zur Hand und trennen dieses Band durch.

Zurück an den Absender

Eine andere Möglichkeit ist die: Mit unerwünschter, negativer Energie konfrontiert, stelle ich mir gerne vor, jemand habe mir ein Geschenk geschickt. Dieses Geschenk sehe ich mir an und merke, dass ich es nicht haben möchte. Und so schreibe ich auf das Päckchen den Vermerk »Zurück an Absender – mit Liebe«. Dann werfe ich es wieder in den Briefkasten. Auch hier nehme ich das Päckchen zuerst in die Hand und hülle es ganz in Liebe ein, damit ich sichergehen kann, keine negativen Energien auszusenden.

Wichtig ist außerdem, die eigenen Grenzen zu stärken. Schließlich sind Sie nicht der Punchingball übellauniger Menschen, ob es sich nun um Ihre Gattin, Ihren Liebhaber, Ihre Familie, Freunde, Arbeitskollegen, Ihren Chef oder eine andere Autoritätsperson handelt.

Es ist schlicht nicht Ihre Aufgabe, dem anderen als Blitzableiter zu dienen. Sie sind von niemandem abhängig. Die Zeiten der Sklaverei sind endgültig vorüber. Erklären Sie Ihre psychoenergetische Unabhängigkeit! Holen Sie sich Ihr verlorenes Selbstbewusstsein zurück!

Natürlich können Sie diese beiden Übungen auch verwenden, um sich gegen bewusste Angriffe zur Wehr zu setzen. Oder wenn ein Gespräch über die Lage der Welt Sie allzu sehr in Mitleidenschaft zieht. Verwandeln Sie jeden negativen

Eindruck, der in Ihr Energiefeld eingedrungen ist, in Licht und Liebe.

Waschen Sie sich die Hände. Nehmen Sie eine Dusche. Stellen Sie sich vor, wie der Schwall aus Licht und Liebe alles wegspült, was Ihre Stimmung beeinträchtigt. Rufen Sie die Energie der Sonne zu Hilfe oder die Kraft des Windes. Bitten Sie sie, alles mitzunehmen, was nicht zu Ihnen gehört. Diese Übung können Sie nur in Ihrer Vorstellung machen, aber selbstverständlich können Sie auch die realen Energien von Wind und Sonne in freier Natur für Ihre Zwecke einsetzen. Bitten Sie die Erde, alle negative Energie, die von Ihnen selbst kommen könnte, in Dünger zu verwandeln.

Der Königsweg

Spirituell betrachtet ist alles, was Ihnen in der Außenwelt begegnet, Spiegelung Ihres inneren Zustands. Wenn Sie also das Gefühl haben, jemand greife Sie an, dann kann dies nur Ihr eigenes Verhalten widerspiegeln.

Nehmen Sie sich ein wenig Zeit, um darüber nachzudenken. Natürlich ist uns diese Erkenntnis nicht gerade in die Wiege gelegt. Allzu sehr haben wir uns an die Rolle des Opfers gewöhnt und fühlen uns unschuldig wie ein Lämmchen. Gehen Sie ein wenig spazieren und machen Sie dabei Ihre Atemübungen. Schreiben Sie Ihre Gedanken über den Menschen oder Sachverhalt nieder, der im Augenblick Gegenstand Ihrer Projektionen ist. Kommt Ihnen daran irgendetwas bekannt vor?

Wenn Sie sich dieser zugegebenermaßen schwierigen Übung unterziehen, verspreche ich Ihnen inneren Frieden, der befreiend wirken wird. Sie werden dankbar sein, dass Sie den Mut gefunden haben zu erkennen, wie Ihr eigenes Verhalten auf Sie zurückreflektiert wird. Sobald Sie das erkannt haben, sollten Sie einige der Übungen in den Anfangskapiteln wiederholen. Oder Sie suchen sich Hilfe von außerhalb.

Wie Sie das Licht in allem erkennen

Je angespannter wir sind, desto verletzlicher sind wir auch. Nehmen Sie sich Zeit für eine Atempause. Lernen Sie, die Energie von Sonne, Luft, Wasser und Erde in sich aufzunehmen. Gehen Sie draußen spazieren und achten Sie darauf, sich mit der Kraft der Elemente zu verbinden.

Spirituell betrachtet ist alles Licht. Was wir essen, ist im Wesentlichen Licht und ist aus Liebe entstanden. Stellen Sie sich beim Essen vor, Sie würden Licht und Liebe zu sich nehmen. Trinken Sie einen Schluck Wasser und absorbieren Sie seine lichte Energie. Legen Sie sich in die Badewanne und baden Sie im Licht. Luft füllt Ihre Lungen mit Liebe. Die Energie der Sonne nährt Ihre Zellen auf allen Ebenen.

Nur mit dieser einen Übung können Sie Ihre Gesundheit und Ihr Wohlbefinden spürbar verbessern. Erde, Luft, Wasser und Feuer (wie die Sonne) schenken uns Leben. Nehmen Sie ihre Kraft und ihr Licht in sich auf. Gehen Sie voll und ganz in diesen Elementen auf und genießen Sie ihre positive Energie. Diese Gabe ist für Sie bestimmt.

Dasselbe gilt für das Licht und die Kraft des Universums. Nehmen Sie beides in sich auf. Stärken Sie Körper, Geist und Seele mit dem Licht des Lebens. Das Licht der Außenwelt ist nur Spiegelung Ihres inneren Lichts. Je stärker Sie sich fühlen, umso weniger kann die negative Energie Ihrer Umgebung Ihnen schaden.

Zu diesem Zweck müssen Sie nur Licht in Ihren Körper und Ihre Seele aufnehmen. Stellen Sie sich vor, Sie saugen es auf wie ein trockener Schwamm Wasser. Oder wie eine Blume, die wochenlang im Regen stand. Plötzlich kommt die Sonne hervor und Sie, die Blume, saugen ihr Licht mit jeder Pore in sich auf. Vielleicht finden Sie für sich ja auch ein anderes Bild für das Baden im Licht.

Beispiele, die ermutigen

Jackie und Paul sind verheiratet. Beide sind hervorragende Rechtsanwälte und waren lange Zeit meine Schüler. Als ich 1993 mein zweites Buch *Die Heimkehr der Seele* schrieb, begannen die beiden, die darin vorgestellten Übungen zu machen. 2001, als ich *Heilung für Mutter Erde* verfasste, waren sie schon sehr geübt. Über die Jahre haben die beiden in der Arbeit mit ihren Klienten, im Gerichtssaal und bei Ehekrisen all das umgesetzt, was ich Ihnen hier vorgestellt habe.

Einige Techniken schätzen sie besonders. So führen sie beispielsweise regelmäßig die Herzatmung aus, wenn sie den Geschichten ihrer Klienten lauschen. Auf diese Weise hüten sie sich vor vorschnellen Urteilen und erkennen intuitiv, wie sie dem Menschen vor ihnen am besten helfen können.

Wenn die Energie bei hitzigen Auseinandersetzungen vor Gericht immer aggressiver wird, praktizieren beide die Herzatmung und stellen sich vor, von einem blauen Lichtei umgeben zu sein. So bleiben sie auch mitten im heftigsten Konflikt ruhig und gelassen.

Im Gerichtssaal setzen sie auf die Kraft der Worte, wobei sie nie vergessen, Licht und Liebe auszusenden, wenn sie sich für ihre Klienten einsetzen. Sie achten stets darauf, ihre Klienten nie zu bedauern, sondern sie als Wesen in göttlicher Unversehrtheit zu betrachten, die durchaus die Kraft haben, mit allem fertig zu werden, was ihnen geschehen mag.

Am Ende jeden Tages waschen die beiden ihre Hände und stellen sich dabei vor, wie alle toxische Energie, die sie unter Umständen aufgenommen haben, zu Licht und Liebe wird.

Jennifer ist Therapeutin und arbeitet erst seit kurzem mit mir. Sie ließ die Leiden ihrer Klienten zu sehr an sich heran, sodass sie bald sehr erschöpft war und körperlich krank wurde.

Zuerst einmal musste ich sie mit dem Gedanken vertraut machen, dass Energien ausgestrahlt werden und Krankheiten verursachen, denn in unserer Kultur ist diese Vorstellung ja nicht selbstverständlich. Natürlich waren diese Energien in ihrem Fall nicht mit der Absicht ausgesandt worden, zu schaden. Sie kamen von ihren Klienten, die an sich arbeiteten, weil sie bessere Menschen werden wollten. Sie versuchten, ihren Selbstausdruck zu verbessern und die Wunden der Vergangenheit aufzuarbeiten.

Ich zeigte Jennifer, wie sie sich mit den hier vorgestellten Methoden schützen könne. Denn natürlich musste sie ihre Klienten weiterhin zum Ausdruck ihrer negativen Gefühle ermuntern. Es ging also nur darum, diese nicht in ihr Energiefeld eindringen zu lassen.

Bald fand Jennifer eine eigene Methode: Sie stellte sich in ihrem Solarplexus eine hell strahlende Sonne vor, die ihr half, alles umzuwandeln, was ihr begegnete. Darüber hinaus umgab sie sich mit der Energie des blauen Lichteis, wenn sie mit anderen arbeitete.

Auf diese Weise entdeckte sie Schritt für Schritt ihr inneres Licht, den Widerschein des Göttlichen. Interessanterweise stellte sie fest, dass ihre Klienten ihre Anregungen besser aufnehmen und selbst schneller Heilung finden, seit sie dieses Licht mit ihnen teilt.

Wie Sie energetisch einen Raum reinigen

Mitunter ist es nötig, dass wir den Raum, den wir nutzen bzw. genutzt haben, reinigen. Dazu gibt es mehrere Methoden. Auch hier spielt die Kraft der Intention eine entscheidende

Rolle. Techniken und Methoden vermögen nicht zu heilen, die Liebe ist es, die alles wieder ganz macht. Wenn Sie den Raum, in dem Sie arbeiten, mit Liebe füllen, entsteht ein heiliger, magischer Raum, in dem alle Geschöpfe von dieser Liebe berührt werden. Alle finden Heilung, während sich ihre Lebensgeister heben.

Atmen Sie durch Ihr Herz und füllen Sie den Raum mit Licht und Liebe. Das reinigt einen Raum unweigerlich.

Kerzen rufen in allen Menschen die Erinnerung an heiliges Licht und sakrale Räume wach. Wie oft haben wir Kirchen und Tempel betreten, um dort Kerzen brennen zu sehen? Zünden Sie eine kleine Kerze an, während Sie arbeiten. Sie steht symbolisch für das Licht, das Sie einsetzen wollen – inneres und äußeres Licht.

Feuer ist das Element mit der größten Verwandlungskraft. Übergeben Sie jede Form von Energie, die gereinigt werden muss, dem Feuer. Schließen Sie die Augen und stellen Sie sich vor, wie Sie die Energien, die in Licht und Liebe umgewandelt werden sollen, ins Feuer legen. Andere Menschen reinigen Räume gerne mit Weihrauch oder ähnlichem Räucherwerk. Die Indianerstämme Nordamerikas verbrennen Salbei, Zedernholz und Sweetgrass zu diesem Zweck. In Südamerika werden dazu verschiedene Sorten Kopalharz oder Baumrinde eingesetzt, in Australien Eukalyptusblätter.

Bedauerlicherweise haben wir heutzutage ein Verschmutzungsniveau erreicht, welches das Immunsystem vieler Menschen schädigt. Immer mehr Menschen leiden an Allergien, auch gegen Duft- bzw. Räucherstoffe. In meinen Workshops beispielsweise kann ich keinen Weihrauch mehr verwenden, weil viele Menschen entweder auf den Geruch oder auf die Rauchentwicklung allergisch reagieren. Dann verwende ich Rosenwasser, das ich vor oder nach der Arbeit im Raum versprühe, um ihn von negativen Energien frei zu machen. Der Duft von Rosenwasser liegt nicht lange in der Luft.

All diese Methoden würden am Arbeitsplatz vielleicht ein wenig seltsam wirken. Hier können Sie voll auf die Kraft der Intention setzen. Schmücken Sie Ihren Schreibtisch mit frischen Blumen. Sie sollen Sie daran erinnern, dass auch der Raum, in dem Sie arbeiten, heilig ist und dass Licht und Liebe des ganzen Universums ihn erfüllen. Denselben Zweck erfüllt ein schönes Bild auf dem Schreibtisch.

Wichtiger als der Ort aber ist Ihre Einstellung. Um diese zu stärken können Sie nichts Besseres tun, als tief in Ihr Innerstes hinabzusteigen und Ihr inneres Licht leuchten zu lassen – durch jede Körperzelle, bis Sie es regelrecht ausstrahlen.

Damit verändern Sie jeden Raum, in dem Sie sich aufhalten. Jeder Mensch, der in Ihre Nähe kommt, wird dies spüren und erfreut darauf reagieren.

8. Kapitel
Der Weg zu einem neuen Bewusstsein

Stellen Sie sich vor, Sie lebten in einer Welt, in der jeder sich am Abend der inneren Stärkung des irdischen Lebensnetzes zuwendet, statt die Abendnachrichten anzusehen. Eine Welt, in der Menschen ihre Energien ineinander fließen lassen, um die Wunden der Isolation zu heilen und jeden Strang unseres Lebensnetzes mit Licht und Liebe zu füllen.

Stellen Sie sich vor, Sie gehen eine Straße hinab und ein Schwall negativer Energie trifft Sie unvermittelt. Sie drehen sich um und der Herr hinter Ihnen sagt: »Oh, entschuldigen Sie vielmals. Ich habe gerade nicht aufgepasst.« So als wäre er Ihnen auf die Zehen gestiegen oder hätte Sie versehentlich angerempelt.

Stellen Sie sich vor, Sie lebten in einer Welt, in der alle Menschen sich bewusst entschieden hätten, den Königsweg zu beschreiten, weil sie erkannt haben, dass alles Leben in diesem Universum untrennbar miteinander verknüpft ist und dass wir deshalb auf unseren Planeten achten müssen, der uns diese Fülle an Leben schenkt.

In dieser Welt weiß jedes Geschöpf, wie kostbar Erde, Luft, Wasser und Licht sind, weil es sich dabei um lebendige Wesen handelt. All diese lebendigen Wesen erfahren dieselbe Wertschätzung wie der Mensch.

Stellen Sie sich eine Welt vor, in der Menschen in einer Gemeinschaft zusammenleben, um alles, was sie haben, miteinander zu teilen, um sich stets beizustehen, nicht nur in schlechten, sondern auch in guten Zeiten.

Eine Welt, in der mit jedem Gedanken, mit jeder Empfindung Liebe und Licht erfahren werden. In der Menschen sich stets des inneren Lichts bewusst sind, das unser wahrer Ursprung ist und der eigentliche Grund, weshalb auch wir Menschen funkeln wie die Sterne am Nachthimmel.

Setzen Sie Ihre Fantasie ein, um diese Welt wahr werden zu lassen. Lassen Sie all Ihre Sinne spielen: Sehen Sie diese neue Welt greifbar nahe vor sich. Wie wäre es, wenn Sie ein Leben lebten, das Licht und Liebe ausstrahlte? Lauschen Sie dem Lachen Ihrer Mitmenschen, ihren liebevollen Worten. Schnuppern Sie den Duft, der die Lüfte durchzieht. Schmecken Sie diese Welt mit jeder Pore. Nutzen Sie Ihre Sehnsucht nach dieser Welt als Treibstoff für Ihre Vorstellungskraft. Und nun tun Sie so, als wäre diese Welt längst Wirklichkeit.

Wir schreiten auf dem Pfad des Wachstums vorwärts. Spirituelle Lehrer auf der ganzen Welt zeigen uns, dass alles, was existiert, zuerst im Geist existierte, bevor es Teil der materiellen Welt wurde.

Unsere Wahrnehmung bestimmt unsere Wirklichkeit. Wenn wir Aggression, Wut und Angst um uns herum sehen, dann wird unsere Erfahrung davon geprägt. Wenn wir aber Liebe und Wertschätzung für das Leben zum Dreh- und Angelpunkt unserer Existenz machen, wird unsere Wahrnehmung sich verändern. Licht und Liebe, die uns umgeben, werden sichtbar.

Wie ich bereits sagte, findet die Vorstellung, dass wir keine getrennt existierenden Wesen sind, sowohl bei Quantenphysikern als auch bei den indigenen Kulturen Zuspruch. Wir alle sind untrennbar mit dem Netz des Lebens verbunden.

Daher ist es eine zutiefst spirituelle Praxis, wenn wir lernen, wie wir die Energie hinter unseren Gedanken, Gefühlen und Wertvorstellungen umwandeln können. Diszipliniert darauf zu achten, was wir zu uns selbst und zu anderen Menschen sagen, ist eine spirituelle Übung.

Wenn wir den Blick darauf richten, wer wir jenseits unserer physischen Grenzen sind, finden wir überall Licht, die Quelle, den Schöpfer, die schöpferischen Kräfte des Universums, Gott ...

Wenn wir das Licht in allen Menschen sehen können und erkennen, wie alles Leben miteinander verbunden ist, dann haben wir den machtvollsten Weg gefunden, negative Bewusstseinszustände zu verwandeln.

Setzen wir die neu erlernten Techniken Tag für Tag in unserem Leben um, so wird sich bald auch unsere Umwelt wandeln. Wir werden in einer Welt leben, die voller Licht, Liebe, Harmonie, Schönheit und Frieden ist.

Niemand wird für uns die Welt retten. Wir allein sind es, die den Schlüssel dazu in der Hand halten.

Ich bin zutiefst davon überzeugt, dass die Märchen und Geschichten, die die Kinder der Zukunft von ihren Eltern und Großeltern erzählt bekommen, nicht von einem Helden oder einer Heldin handeln, welche die Welt vor dem Untergang bewahrt haben. Es wird darin um die Gemeinschaft der Menschen gehen, die ihre Energien vereint haben, um die Welt zu verändern.

Unsere Welt, die Art und Weise, wie wir mit unseren Energien umgehen - all das liegt einzig und allein in unserer Hand. In diesem Geschenk liegt eine große Herausforderung. Doch wir sind stark genug, um uns dieser zu stellen.

Enthüllen Sie Ihr inneres Licht. Bringen Sie es zum Leuchten. Dann wird die Welt sich ändern und mit ihr das Schicksal, das ihrer harrt, denn das Netz des Lebens wird dann von der Liebe, die in jedem Geschöpf lebendig ist, getragen werden.

Wenn Sie konfliktträchtige Zeiten oder Zeiten des Übergangs erleben, vergessen Sie nicht:

- Bleiben Sie konzentriert.
- Bleiben Sie guter Dinge.
- Bleiben Sie zentriert.

Legen Sie jetzt das Buch zur Seite. Schließen Sie Ihre Augen. Atmen Sie ein paar Mal tief ein und aus. Denken Sie dabei an etwas ganz besonders Kostbares, das Sie in Ihrem Herzen bewahren. Verweilen Sie so einige Minuten lang. Bitten Sie alle Wut, Angst, Enttäuschung, Verzweiflung dieser Welt, sich hier und jetzt in Licht und Liebe zu verwandeln. Möge diese Liebe ein Licht sein an den dunklen Orten der Erde. Möge diese Energie auf alle Wesen zurückstrahlen und sie mit Liebe erfüllen.

Lesen Sie jeden Tag diese kurze Affirmation oder formulieren Sie diese mit Ihren eigenen Worten um:

> Liebe und Licht hüllen uns ein
> und erfüllen das ganze Sein.

Nehmen Sie sich jeden Tag ein paar Minuten Zeit, um eine der Transformationsübungen durchzuführen und Ihre Affirmation zu sprechen. Wir können die kollektive Energie der Welt, in der wir leben, durchaus verändern. Es liegt in unserer Macht, uns eine liebevolle Umgebung zu schaffen, in der wir leben und arbeiten können. Doch wir müssen unsere Energien ineinander fließen lassen, wenn dies gelingen soll.

Vergessen Sie nicht: Jede Änderung in unserem Bewusstsein, wie winzig sie auch immer sein mag, durchströmt das gesamte Netz des Lebens. Jede Wandlung, die Sie durchlaufen, verändert gleichzeitig das kollektive Bewusstsein unseres Planeten.

Fassen Sie den festen Entschluss, einige der Übungen aus diesem Buch fest in Ihren Alltag zu integrieren, und beobachten Sie dann, wie viel Schönheit dadurch in Ihr Leben und in die Welt kommt.

Nicht, was wir tun, verändert die Welt, sondern der Mensch, der wir sein wollen. Fassen wir daher gemeinsam den Entschluss, unser Licht künftig leuchten zu lassen und damit jeden Menschen in unserer Gegenwart zu erfreuen. Dies gilt ganz besonders dann, wenn wir in einer langen Schlange stehen, sei es nun auf dem Postamt, an der Supermarktkasse oder an der Tankstelle. Senden wir unser Licht in die Welt und verwandeln wir das gesamte Netz des Lebens.

Schaffen wir eine Welt, in der wir alle wachsen und gedeihen können, statt einfach nur zu überleben.

Blättern Sie nun an den Anfang zurück, an die Stelle, wo die Geschichte vom Großvater und den zwei Wölfen im Herzen steht. In unserer heutigen Welt geben wir beiden Wölfen Nahrung. Da ist zum einen unser Herz der Liebe, in dem Licht, Mitgefühl, Einheit und Achtung vor allem Leben wohnen. Dann aber ist da noch unser zweites Herz, in dem sich Hass, Zorn, Furcht und Isolation breit gemacht haben. Lassen Sie uns, die Mitglieder der Weltgemeinschaft, all unsere Kräfte zusammennehmen, damit wir die Wunden der Isolation heilen und das Herz der Liebe stärken können.

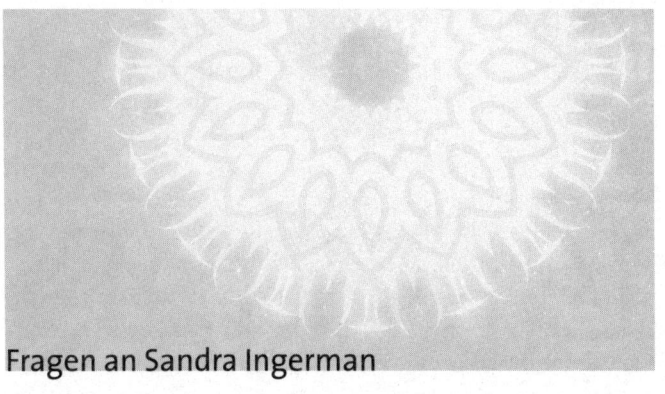

Fragen an Sandra Ingerman

Heißt das, ich darf nie wieder meine schlechte Laune nach außen zeigen?
Nein. So wie es manches Mal einfach schlechtes Wetter gibt, so ist man hin und wieder eben auch unleidlich. Wandeln Sie die Energie, die aus Ihrer schlechten Laune entsteht, so um, dass Sie andere damit nicht verletzen. Und dann genießen Sie es, schlecht gelaunt zu sein.

Ich habe einmal gehört, es gäbe gar keine positiven oder negativen Energien, weil Energie letztlich immer neutral sei. Was sagen Sie dazu?
Das menschliche Dasein kennt viele verschiedene Ebenen, auf denen wir gleichzeitig aktiv sind. So müssen wir Menschen mit den vielen Ungereimtheiten des Lebens elegant umgehen lernen. Wir leben in einer dualistischen Welt. Die Sonne geht auf und wieder unter. Wir leben nicht in ständiger Dunkelheit, genauso wenig wie im steten Licht. Wir stufen Dinge als gut oder schlecht, falsch oder richtig ein.

Auf der spirituellen Ebene aber gibt es nur das eine Netz des Lebens, eine Quelle, ein Licht, eine schöpferische Kraft im Universum. Darin gibt es kein Gut oder Böse. Vom spirituellen Standpunkt aus betrachtet ist alles nur Energie.

Eine meiner ehemaligen Schülerinnen hat dies auf ganz einmalige Weise begriffen. Sie ist Cellistin in einem Symphonieorchester. Wenn das Orchester ein Konzert gibt, so erzählt sie immer, kommen die Menschen in den unterschiedlichsten Stimmungen in den Saal. Einige sind müde, andere hatten einen schlechten Tag, wieder andere sind wütend oder niedergeschlagen. Manche Menschen finden es ungeheuer aufregend, bei einem Konzert zu sein, andere freuen sich, einen Abend mit Freunden oder dem Partner verbringen zu können. Diese Liste könnte man schier ins Endlose verlängern.

Meine Schülerin aber meint, sie könne all diese verschiedenen Energien absorbieren und sie dazu benutzen, aus ihrem Cello das Beste herauszuholen. Wenn jemand wütend ist, gibt das besonders viel Energie. Langweilt sich jemand, so kann sie auch diese Energie nutzen. Und auch glückliche Menschen strahlen Energie aus, die sie gut gebrauchen kann.

Welche Möglichkeiten sich uns eröffnen, wenn wir aufhören, Energie als gut oder böse zu betrachten, sondern einfach nur als Kraft, die wir zum Leben und Arbeiten nutzen können, ist kaum vorstellbar. Ich hoffe und wünsche mir, dass Sie an dieser Entwicklung teilhaben wollen.

Das ändert allerdings nichts daran, dass wir aus einer Kultur kommen, die sich ihrer Energie und ihres Verhaltens nicht im Geringsten bewusst ist.

Der erste Schritt sollte meiner Ansicht nach also sein, dass wir anderen Menschen klar machen, wie sie die Welt mit der Energie, die sie ausstrahlen, beeinflussen. Wir sollten Verantwortung für unsere Energie übernehmen und aufhören, passiv zu reagieren. Wir sollten aufhören, anderen Menschen oder den Lebensumständen die Schuld für das zu geben, was in unserem Leben nicht funktioniert.

Diesen Schritt können wir nicht überspringen. Erst, wenn wir unsere Aufgabe vollbracht haben, können wir uns auf eine neue Art der Energiearbeit einlassen.

Kann ich negative Energien zurücknehmen, die ich einem geliebten Menschen gesandt habe?
Auch hier ist die Kraft der Intention entscheidend, denn unser Tun wird sich automatisch daran ausrichten. Zunächst einmal ist es wichtig, dass Sie sich keine Schuldgefühle machen. Wir alle sind hier, um zu lernen. Und das geht nun einmal nicht von heute auf morgen.

Auf der psychoenergetischen Ebene sollten Sie um Heilung für all jene Geschöpfe bitten, die Sie vielleicht verletzt haben könnten. Stellen Sie sich dann diesen Menschen in seiner göttlichen Vollkommenheit vor.

Heißt das, ich muss jetzt alle Menschen gern haben? Ist das nicht ein bisschen oberflächlich?
Ein wichtiger Teil unserer Aufgabe ist es zu erkennen, welche Teile wir von uns auf andere projizieren, um dann mit Missfallen darauf zu reagieren. Gleichzeitig ist es natürlich richtig, dass wir nicht zu allen Menschen denselben »Draht« haben. Natürlich müssen Sie nicht jeden Menschen mögen oder gar lieben. Das ändert aber nichts daran, dass Sie auch solche Menschen in ihrer Göttlichkeit sehen sollten. Das ist es, was wir erreichen müssen.

Am besten nehmen Sie sich die Übungen in Kapitel 5 über die Auswirkungen von Projektion vor. Fassen Sie den Beschluss, mit dem oder der Betreffenden gerade nur so viel Zeit zu verbringen, wie absolut nötig ist. Trotzdem sollten Sie die Energie Ihrer Werturteile umwandeln.

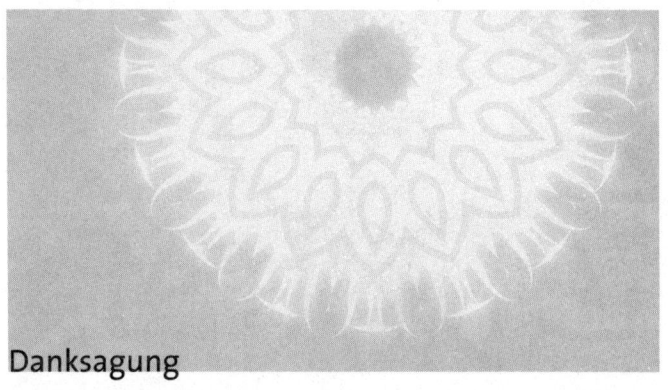

Danksagung

Diesen Menschen möchte ich danken:

Meiner Agentin Barbara Moulton, die mich und meine Arbeit seit Jahren unterstützt, obwohl ich oft mit meinen Ideen aus dem Rahmen falle.

Patricia Gift und den Mitarbeitern von Sterling Publishers, die sich unermüdlich für dieses Buch eingesetzt haben.

Dr. Monika Roell, Usha Swamy und den Mitarbeiterinnen des Heinrich Hugendubel Verlags, die dieses Buch auf Deutsch herausgebracht haben. Und natürlich Elisabeth Liebl für die Übertragung ins Deutsche.

Nancy Sherwood (www.earthsea.ca), von der die Geschichte von den zwei Wölfen stammt, eine Geschichte, die in vielen indigenen Kulturen erzählt wird und die Nancy überarbeitet hat. Sie hat mir erlaubt, ihre Version der Geschichte zu drucken. Herzlichen Dank!

Debra Chesnut, die mir den Zugang zur hebräischen Sprache eröffnet hat. Sie war mir eine große Hilfe.

Carlo Zumstein für all seine Unterstützung, seine Freundschaft und seine hilfreiche Beratung bei der Herausgabe der deutschen Ausgabe des Buchs.

Allen Lehrern und Praktizierenden, die mich unterrichtet haben und die mir erlaubten, ihre Materialien zu benutzen, damit aus der Welt ein Ort der Harmonie und des Friedens wird.

Meinem Mann, Woods Shoemaker, und meinen Eltern, Aaron und Lee Ingerman, danke ich für die bedingungslose Liebe, mit der sie mir stets den Rücken stärken.

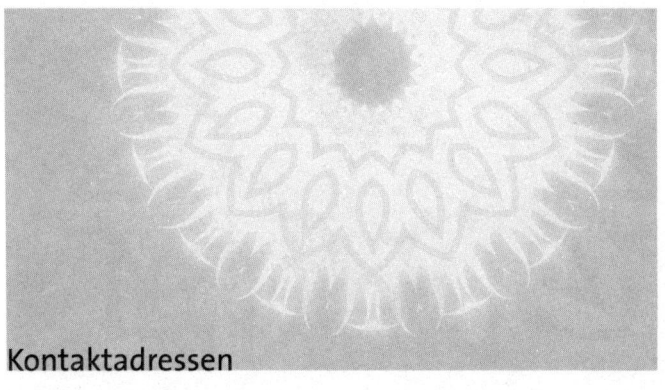

Kontaktadressen

Informationen über Workshops mit Sandra Ingerman erhalten Sie unter folgender Adresse:

Sandra Ingerman
P.O. Box 4757
Santa Fe, NM 87502

oder unter:
www.shamanicteachers.com

Auf dieser Website finden Sie auch Adressen schamanischer Berater und Beraterinnen in Deutschland, Österreich und der Schweiz.

**Sandra Ingerman
Die schamanische Reise**

Ein spiritueller Weg zu sich selbst
94 Seiten, gebunden mit Schutzumschlag
ISBN 978-3-7205-2559-6

Die erste praktische Anleitung zum schamanischen Reisen!

Die schamanische Reise ist ein einzigartiger Weg der Selbsterkundung. In ihrem Praxisbuch führt Sandra Ingerman umfassend in diese uralte und nach wie vor aktuelle Technik ein und zeigt klar und verständlich, wie Sie eine schamanische Reise erleben können. Mit den Trommelklängen auf der beigelegten CD können Sie selbst auf die Reise gehen und sich und die schamanische Welt erkunden.

Sandra Ingerman
Die schamanische Reise

Ein spiritueller Weg zu sich selbst
Gelesen von Eva Mattes
1 CD
ISBN 978-3-7205-2816-0

Die schamanische Reise als Hörbuch

Die schamanische Reise ermöglicht den Kontakt zur geistigen Welt und zur eigenen Seele. Mit dieser Einführung in das schamanische Reisen lernen Sie, wie Sie mit Ihrem Krafttier arbeiten und Botschaften aus der schamanischen Welt deuten – um sich dann zur eingespielten Trommelmusik selbst auf eine schamanische Reise zu begeben!

Sandra Ingerman
Auf der Suche nach der verlorenen Seele

Der schamanische Weg zur inneren Ganzheit
256 Seiten, gebunden mit Schutzumschlag
ISBN 978-3-7205-4041-4

*Aus schamanischer Sicht führen traumatische Erlebnisse zum Verlust von Teilen der Seele. Ein Teil von uns läuft sozusagen davon, um den Schock zu überstehen. Meist kehren diese geflüchteten Seelenfragmente nicht zurück. Wir leiden, wir fühlen uns unvollständig und vom Leben abgeschnitten. Sandra Ingerman hat die alte schamanische Heiltechnik der Seelenrückholung wiederentdeckt und durch moderne psychologische Erkenntnisse bereichert.
Sie zeigt, wie die Ganzheit der Seele wiedererlangt werden kann.*

Die mystische Seele der Natur erleben

Wolf-Dieter Storl
Ich bin ein Teil des Waldes
336 Seiten
978-3-453-70098-7

HEYNE ‹